Der Autor und Herausgeber der „Schriftenreihe Globale Intelligenz" –
bisher erschienen: Die Trilogie „Terror sapiens I-III", der Band „Das Ende des Wahnsinns" und die Handbuchsammlung „Revolution" – ebenso
Autor der Lehrwerke DSH-Ticket (I-II), Walter Krahe, Jahrgang 1956, hat
30 Jahre lang Studenten aus zahlreichen Kulturen in „Deutsch als Fremd-
sprache" (DaF) unterrichtet. Davon war er 24 Jahre an der Philosophisch-
Theologischen Hochschule SVD in Sankt Augustin tätig, 14 Jahre davon
als Fachbereichsleiter (DaF) und als Prüfungsvorsitzender der Deutschen
Sprachprüfung für den Hochschulzugang (DSH bzw. PNDS).
Seine langjährigen persönlichen Erfahrungen mit Menschen aus allen
Teilen der Welt machten ihn zum Kenner kulturell ganz unterschiedlicher
bzw. widersprüchlicher Sichtweisen in Bezug auf verschiedene Lebensbereiche: von ganz banalen Alltagsfragen bis hin zur Weltpolitik. Viele dieser kulturell bedingten Standpunkte taten sich ihm im Laufe der Zeit als
komplementäre, sich ergänzende Standpunkte auf, sozusagen als „Yin und
Yang" menschlicher Lebensbewältigung, entstanden durch die erfolgrei-
che Anpassung der Menschen an die unterschiedlichsten Lebensumstände
rund um den Globus. Diese Vielfalt menschlicher Lebensgewohnheiten
entpuppte sich zunehmend als Reichtum der Menschheit. Daher ist es das
Gebot der Stunde, dass Menschen voneinander lernen. „Wenn man Wissen teilt, wird es nicht weniger, sondern mehr." Voneinander Lernen wurde für Walter Krahe zum roten Faden in den vielen Begegnungen mit
Menschen aus aller Welt. Unterschiede und Gemeinsamkeiten konfron-
tierten und inspirierten gleichermaßen. Sie befeuerten den freundlichen
und konstruktiven Umgang miteinander. Das Verständnis für Vielsichtigkeit, Globale Intelligenz und Kooperation entstand und wurde durch den
intensiven Austausch zunehmend vertieft. In der Schriftenreihe Globale
Intelligenz finden diese Erkenntnisse ihren adäquaten Ausdruck.

Dieser Band ist all denjenigen gewidmet,
die die Einseitigkeits-Brille abnehmen
und sich dafür einsetzen,
dass möglichst viele
es ihnen gleichtun.

„Erfolg besteht darin,
von Misserfolg zu Misserfolg zu gehen,
ohne die Begeisterung zu verlieren."

Sir Winston Spencer Churchill (1874-1965),
bedeutendster britischer Staatsmann im 20. Jh.(zitate.eu)

„Zuerst ignorieren sie dich,
dann lachen sie über dich,
dann bekämpfen sie dich
und dann gewinnst du."

Mahatma Gandhi
(1869-1948), Indischer Freiheitskämpfer

Walter Krahe

Handbuch
Kognitive Revolution
Der vielsichtige Mensch

www.globale-intelligenz.science
www.gloint.de

© 2018 Walter Krahe

Grafik: Walter Krahe
Grafik-Digitalisierung und Website: Felix Reither (Hohenleimbach)
Lektorat: Gabriele Bruns (Bonn)

Verlag: tredition GmbH, Hamburg

ISBN
Paperback   978-3-7469-7824-6
Hardcover   978-3-7469-7825-3
e-Book   978-3-7469-7826-0

Inhaltsverzeichnis

▪ Kapitel 1-3 identisch in allen 4 Handbüchern

Kapitel		Seite

Die Handbuchsammlung „Revolutionen"

Obwohl der Wahnsinn in der Welt
an allen Ecken und Enden sichtbar ist,
beweisen bisher nur die Wenigsten den Mut,
die Haltung der Menschen tabulos zu hinterfragen
und auch Althergebrachtes auf den Prüfstand zu stellen.
Das Überleben auf diesem Planeten
bedarf aber zwingend jetzt einer klugen Vision
und die Besonnenheit und Mitwirkung eines jeden.
Menschen dürfen sich angesichts der vielen Probleme
nicht länger wie geblendetes Wild verhalten
und bewegungslos an der immer gleichen Stelle verharren!
Nur ungenutzte Hirne erkennen das nicht.
Sie schwimmen schon längst mit dem Strom.

Die Menschheit braucht nicht nur technisches Wissen, sondern auch ein tiefes gesellschaftliches und spirituelles Wissen, theoretisch und praktisch.

Kehrte der Mensch endlich einseitigen Sicht- und Vorgehensweisen den Rücken, nähme er unverzagt seine diversen Brillen ab, dann könnte er unschwer erkennen, dass rund um den Globus bereits alle notwendigen Kenntnisse vorhanden sind, die für ein fundiertes gesellschaftliches und spirituelles Wissen benötigt werden. Es ist schon längst überfällig, all diese verschiedenen Aspekte zu einem Ganzen klug zusammenzufügen.

Bei der Handbuchsammlung „Revolutionen" geht es in erster Linie um das notwendige gesellschaftliche Wissen und die daraus folgenden unverzichtbaren zeitnahen Veränderungen.

Das Thema „spirituelles Wissen" wird in diesem Kontext nur angedeutet. Eine ausführlichere Behandlung dieser Thematik gibt es im Band *„Terror sapiens III – Spirituelle Intelligenz"* und im gleichnamigen Kapitel von *„Das Ende des Wahnsinns – Globale Intelligenz statt Terror sapiens"*.

Eine aktuelle Vision

– ein potenziell wegweisendes globales „Narrativ" –

als „sinnstiftende Erzählung" für das 21. Jahrhundert,

als „Gegenerzählung zum Wahnsinn dieser Zeit,

in einer Handbuchsammlung – überschaubar, klar und griffig:

1. *„Handbuch Kognitive Revolution – Der vielsichtige Mensch"*

2. *„Handbuch Soziale Revolution – Die vielsichtige Gesellschaft"*

3. *„Handbuch Humanitäre Revolution – Die Globale Intelligenz"*

4. *„Handbuch Ultimative Revolution – Die Menschensonne"*

♦ **Wichtiger Hinweis: Für das genauere Verständnis der Inhalte ist das Einhalten der Reihenfolge der Handbücher fraglos sehr empfehlenswert, nicht aber zwingend.**

Allerdings sollten bei der erstmaligen Lektüre eines der Handbücher zu Beginn unbedingt die ersten drei Kapitel – *„Die Handbuchsammlung Revolutionen"*, *„Dringender Handlungsbedarf"*, *„Veränderungen – nötig und möglich wie nie zuvor"*, S. 9 bis S. 49 – gelesen werden. Deshalb gibt es diese Seiten identisch auch am Anfang eines jeden Handbuchs.

Die inhaltliche Übersicht über die einzelnen Handbücher im Anschluss an diesen Hinweis ist hilfreich beim direkten Einstieg in einen der späteren Bände. Aufgrund ihrer elementaren Bedeutung für die angestrebten Veränderungen, lassen sich die beiden darauffolgenden Kapitel durchaus auch mehr als einmal lesen. Dies kann der Verinnerlichung nur förderlich sein.

Die Inhalte

Die Trilogie *„Terror sapiens"* und der Band *„Das Ende des Wahnsinns"* enthalten umfassende fundierte Erörterungen zu den verschiedenen Aspekten von Vielsichtigkeit und globaler Intelligenz. Einen zusammenfassenden Überblick über die Inhalte dieser Bände gibt es im letzten Kapitel.

Als Ergänzung zu den bisherigen Schriften bieten die Handbücher einen komprimierten und damit schnell erfassbaren Überblick über zentrale Themenschwerpunkte – wie *„Der vielsichtige Mensch"*, *„Die vielsichtige Gesellschaft"*, *„Die Globale Intelligenz"* und *„Die Menschensonne"*. Die punktuelle Darstellung der jeweils maßgeblichen Erkenntnisse wird durch kurze und bündige Zielvorgaben in Bezug auf die notwendigen Veränderungen vervollständigt. So liegen aussagekräftige Handreichungen für die *„Kognitive Revolution"*, die *„Soziale Revolution"*, die *„Humanitäre Revolution"* und die *„Ultimative Revolution"* vor.

Revolution wird in diesem Kontext nicht als gewaltsamer Umsturz verstanden, sondern als zeitnaher grundlegender Wandel. Mit ähnlicher Bedeutung sind z. B. Begriffe wie industrielle Revolution, sexuelle, grüne, wissenschaftliche und digitale Revolution bekannt.

In dem von John Lennon (1940-1980) komponierten Lied *„Revolution"* finden sich die Zeilen: *„Ihr sagt ihr wollt eine Revolution, nun wisst ihr, wir alle wollen die Welt verändern. ... Befrei doch mal deinen eigenen Verstand."* *(songtexte.com)*

Genau das ist der jeweils erste, alles entscheidende Schritt der in den Handbüchern beschriebenen verschiedenen Revolutionen.

Über diese Anregung hinaus stellen die vorliegenden Handreichungen Orientierungs- bzw. Kristallisationspunkte dar und geben Anstoß zu den inzwischen absolut alternativlosen Veränderungen. Sie eröffnen die Chance zur Synchronisierung der zahlreichen verschiedenen individuellen Bemühungen, so dass auf Dauer möglichst viele Menschen ihr Wissen und ihre Kompetenzen ganz gezielt zum insgesamt notwendigen globalen Prozess beitragen können.

1) Handbuch kognitive Revolution – Der vielsichtige Mensch

▪ Umfasst das Wahrnehmen, den Erkenntnisprozess und das Denken

Durch die tabulose und beherzte Überwindung des primitiven Entweder-oder-Denkens, durch das endgültige Abnehmen der völlig beschränkten „Einseitigkeits-Brille", eröffnet sich dem Menschen ein ungetrübter Blick auf die Vielfalt der Wirklichkeit, in der Unterschiede und Gegensätze sich alles andere als gegenseitig ausschließen. Im Gegenteil, sie erweisen sich als bereichernde, sich gegenseitig befruchtende Aspekte. Diese Horizonterweiterung dank kluger Vielsichtigkeit ist der Schlüssel für die Lösung der Probleme in der heutigen Zeit.

Also, v. d. Homo sapiens, willkommen vielsichtiger Mensch!

2) Handbuch Soziale Revolution – Die vielsichtige Gesellschaft

▪ Umfasst das menschliche Miteinander und das Gesellschaftssystem

Vielsichtigkeit ist das Fundament einer Gesellschaft, in der nicht länger Egoismus einseitig die Basis ist, sondern universale Kooperation, also die angemessene Berücksichtigung von Eigen-, Fremd- Gemein- und Universalwohl. Es ist jetzt an der Zeit, die verhängnisvolle „Egoismus-Brille" abzunehmen und sich als Mensch nicht egoistischer zu machen, als man es von seiner Natur her tatsächlich ist. Das Lebewesen Mensch ist schon immer ein Meister der Kooperation. So muss die fixe Idee des Homo oeconomicus schnellstmöglich wieder abgeschafft und durch das reale Bild des kooperierenden Menschen ersetzt werden. Gesellschaftliches Miteinander wird künftig durch die Globale Kooperations-Ethik und das System der Kooperations-Wirtschaft geprägt.

Also, v. d. Homo oeconomicus, willkommen kooperierender Mensch!

3) Handbuch Humanitäre Revolution – Die Globale Intelligenz

▪ Umfasst die Neuausrichtung der maßgeblichen Handlungsmaxime

Die Vielsichtigkeit von Mensch und Gesellschaft ermöglicht Globale Intelligenz in allen Lebensbereichen. Durch das Abnehmen der „Egozentrik-Brille", durch das Berücksichtigen möglichst vieler Perspektiven und das Abwägen möglichst vieler Faktoren in der jeweils konkreten Situation können künftig sinnvolle und angemessene Herangehensweisen im Zentrum von Denken und Handeln stehen – also z. B. Sinn, Qualität und Universalwohl – und nicht länger persönlich einfältige und egoistische Vorlieben. Globale Intelligenz vermag erstmals das äußerst komplexe Potenzial der Menschen im Lebensalltag wirkungsvoll zu nutzen. Der bis dato einseitig kluge Waffen- und Maschinenbauer kann somit quasi zum uneingeschränkt klugen Menschen werden.

Also, willkommen reifer Mensch!

4) Handbuch Ultimative Revolution – Die Menschensonne

▪ Umfasst die Optimierung des menschlichen Miteinanders

Um den vielfältigen Wahnsinn des Homo sapiens endgültig zu überwinden und in jedem Lebensbereich angemessene Lösungen zu realisieren, bedarf es der Bereitschaft möglichst vieler, ihr Wissen und ihr Können konstruktiv mit einzubringen. Wenn die Menschen ihren blinden, tierischen Selbstbehauptungstrieb und latenten Wettkampfmodus in Bezug auf sich und andere endgültig hinter sich lassen, wenn keiner mehr zwanghaft besser als der andere sein muss, wenn die eigene Identität und das eigene Selbstwertgefühl nicht länger genau davon abhängen, wenn also jeder uneigennützig sein Bestes geben kann, dann kann auch das Bestmögliche realisiert werden. Die „Wettkampf-Brille" muss abgenommen und durch die Erfahrung der Menschensonne ersetzt werden.

Also, willkommen segensreicher Mensch!

♦ **Dies alles sind Ziele, die aus spontaner, oberflächlicher Sicht für viele äußerst illusorisch und geradezu unerreichbar erscheinen.**

Allerdings entspricht diese Betrachtungsweise eher der beschränkten Sicht eines Einseitigkeits- und Egoismus-Junkies – der sich ein Leben ohne seine „gewohnten Drogen" ganz einfach nicht mehr vorzustellen vermag und infolgedessen beschwingten Schrittes auf den Abgrund zuläuft – als der Sicht eines freien und klugen Menschen. Dabei ist ein Leben in der unverzerrten Wirklichkeit selbstverständlich möglich und vor allem um ein Vielfaches ausgefüllter und erfolgreicher. Die Sicht eines Junkies vor seiner Entwöhnung hat nur sehr wenig mit dem realen Lebensgefühl danach zu tun. Das Bild des Junkies beschreibt die Problematik der oben beschriebenen notwendigen Veränderungen recht genau. Denn es geht – auch global gesehen – um einen ähnlich tief greifenden Richtungswechsel wie bei einer Entziehungskur. In beiden Fällen eröffnen sich am Ende bis dahin ungekannte Horizonte jenseits allen Zwangsverhaltens und damit auch jenseits allen Wahnsinns.

Im Lebensmittelpunkt stehen fortan Bewusstheit, Freiheit, Verantwortung und das Glück des Wissens um den Reichtum der ganzen Wirklichkeit.

Dringender Handlungsbedarf

Letzter Weckruf: Mensch wach auf!
Wir Menschen können sehr viel,
aber versagen im Wesentlichen.
Trunken vom technischen Erfolg,
als kluge Waffen- und Maschinenbauer,
als „Homo sapiens machinator" sozusagen,
überhören wir den Weckruf schon viel zu lange
trotz all des Wahnsinns um uns herum.
Falls wir jetzt aber weiterschlafen,
dann ruinieren wir endgültig
uns und unsere Lebensgrundlagen,
dann hat unsere Sucht nach Einseitigkeit
unser komplexes Potenzial für immer besiegt.
Daher müssen wir jetzt aufstehen
als vielsichtige und kluge Menschen.
Die Revolution der Menschlichkeit
findet jetzt oder niemals mehr statt.
Ungeachtet dessen weiterschlafen?
Nein, jetzt aufwachen und handeln!
Die Zeiten sind ein für alle Male vorbei,
in denen wir uns etwas vormachen dürfen.
Verstand und Wissen sind da,
wir müssen sie endlich nutzen
jenseits von Einseitigkeit und Egoismus.
Das ist übrigens der letzte Weckruf.
Überleben kennt keine Snooze-Funktion!

Man muss kein Pessimist sein, um den heutigen Zustand der Menschheit und der Welt als sehr besorgniserregend einzuschätzen.

Man muss kein Optimist sein, um dennoch an die Möglichkeit von Veränderungen zu glauben.

Man ist allerdings ein verantwortungsloser Träumer, wenn man auf Veränderungen hofft, ohne selber etwas verändern zu wollen.

Der notwendige Wandel beginnt im Denken und Handeln eines jedes Einzelnen. Nur so lässt sich der heutige Wahnsinn des Homo sapiens, der Terror sapiens, beenden und durch Vielsichtigkeit und Globale Intelligenz ersetzen.

> "Der Horizont vieler Menschen
> ist ein Kreis mit dem Radius Null
> und das nennen sie ihren Standpunkt."
> *Albert Einstein*

Genau in diesem Sinn darf es nicht mehr länger um den Krieg der verschiedenen Standpunkte, sondern muss es um die gemeinsame Bemühung gehen, den Horizont der gesamten Menschheit nachhaltig zu erweitern.

Damit aber wird das derzeit zentrale Problem der Menschen deutlich, das für die meisten Probleme an jeweils entscheidender Stelle verantwortlich ist: ihre Sicht- und Denkweise ist fast ausschließlich eine sehr einseitige und egozentrische, befeuert von schier grenzenlosem Egoismus. Nach dem immer noch vieles bestimmenden aristotelischen „Entweder-oder-Denken" werden Vielfalt und Komplexität quasi ausgeschlossen. Das gilt z. B. auch für die auf den aristotelischen Grundsätzen aufbauenden Wissenschaften, für das globale Wirtschaftssystem und für vieles mehr. Ein intelligenter Umgang mit Unterschieden und Gegensätzen – sehr wohl auch im Sinne einer größeren Genauigkeit, bis hin zur Eindeutigkeit – wird so konsequent verhindert. Die Folge ist der heute überall sichtbare Wahnsinn, der erst dann überwunden werden kann, wenn das Denken und die Logik der Menschen der Vielfalt der Wirklichkeit gerecht werden.

Der Mensch nennt sich selber Homo sapiens, einen vernunftbegabten, weisen Menschen. Das aber ist in Wirklichkeit nur der Ausdruck seiner unseligen und verheerenden Vermessenheit. Denn seine Klugheit umfasst lediglich die Entwicklung von Werkzeugen und Waffen, nicht aber die Kunst des Zusammenlebens. Man könnte ihn deshalb als „Homo sapiens machinator" bezeichnen, als „weisen Maschinenbauer" sozusagen.

Möchte der Mensch allerdings erfolgreich auf diesem Planeten weiterleben, dann muss er aufgrund der Dringlichkeit der anstehenden Veränderungen den nächsten notwendigen Schritt in seiner geistigen Entwicklung revolutionär und nicht evolutionär vollziehen und zum „Homo multividus" werden, zum „vielsichtigen Menschen", der sich der ganzen Wirklichkeit öffnet und möglichst viel beachtet, bedenkt und berücksichtigt.

Die massiven Probleme zu Beginn des 21. Jahrhunderts lassen sich auf der Grundlage von Vielsichtigkeit und Globaler Intelligenz, durch Überwindung von Egozentrik und Egoismus, durch Versöhnung von Eigen-, Fremd-, Gemein- und Universalwohl und durch Kooperation mit möglichst vielen im Sinne der Goldenen Regel nachhaltig lösen.

Globale Intelligenz

basiert auf Vielsichtigkeit

jenseits geistiger Selbstbeschränkung

und alles durchdringender Egozentrik.

Sie umfasst die kognitiven und soziokulturellen Fähigkeiten,

die Vielfalt der Wirklichkeit zu erkennen und anzuerkennen,

Unterschiede und Gegensätze

auch in nur einem einzigen Element zuzulassen

und mit den verschiedenen Aspekten

– der jeweiligen Situation angemessen –

sinnvoll und fruchtbar umzugehen

und im Denken und Handeln zu berücksichtigen

und dadurch Einseitigkeit und Starre zu überwinden.

In diesem Sinne sollten die Menschen dazu bereit sein, jeden Lebensbereich zugleich kritisch und konstruktiv, tabulos und respektvoll zu hinterfragen und dann entschlossen und besonnen zu handeln.

Zu Beginn des 21. Jahrhunderts besteht der unglaubliche Wahnsinn in der Welt *(s. „Das Ende des Wahnsinns")* nicht nur allein in den zahllosen katastrophalen Vorkommnissen und Zuständen, sondern darüber hinaus auch in dem weltweit grassierenden, äußerst verhängnisvollen Phänomen, dass immer mehr wahlberechtigte Bürger selbstherrlichen eingleisigen Welterklärern mit Hang zur Autokratie freiwillig zu Macht und Einfluss verhelfen und damit in Echtzeit dazu beitragen, eine zentrale Errungenschaft in der sozio-kulturellen Entwicklung der Menschheit wieder abzuschaffen: nämlich liberale Demokratien.

Einhergehend mit eingepeitschter Begeisterung wird diesen Menschen gnadenlos vorgegaukelt, dass sie ihre tiefe Sehnsucht nach Orientierung und Eindeutigkeit in den Zeiten von Fake-News und globalem Pluralismus durch Hinwendung zu völlig einseitigen Weltsichten stillen können. Einmal in solch einem geschlossenen logischen System gefangen, wird Sehnsucht zu Begeisterung und Begeisterung zu Besessenheit, wobei der gesunde Menschenverstand zunehmend auf der Strecke bleibt. Das Zeitalter der selbstverliebten Autokraten und verblendeten Bürger ist längst angebrochen. Immer häufiger lassen sich die schlimmsten narzisstischen Lügner von ihren rigoros manipulierten Anhängern zu uneingeschränkten Wahrheitsaposteln verklären. Hirn-vergessener geht es kaum, denn diese selbst erklärten Weltenretter sind das krasse Gegenteil von dem, was sie vorgeben: Sie sind nicht die Lösung, sondern sie bewirken die Verschlimmerung der Probleme, da deren Ursachen fast immer in einseitigen und ichbezogenen Vorgehensweisen der Menschen liegen.

Der US-Senator Bernie Sanders (8.9.1941), der im Rahmen der Vorwahlen zur Präsidentschaftswahl 2016 bei den Demokraten gegen Hillary Clinton unterlag, in einem aktuellen Artikel zu dieser weltweiten Problematik: *„ Weltweit sind autoritäre Kräfte auf dem Vormarsch. Dagegen hilft nur eine progressive und internationale Bewegung, die von tief greifenden Visionen angetrieben ist. ... Die Menschheit steckt mitten in einem weltweiten Kampf mit enormen Konsequenzen. Auf dem Spiel steht nicht weniger als die Zukunft des Planeten – ökonomisch, sozial und ökologisch. Während eine enorme Vermögens- und Einkommensungleichheit herrscht – das reichste Prozent der Welt besitzt mehr als die restlichen 99 Prozent –, werden wir Zeugen des Aufstiegs einer neuen Achse des Autoritären. "* („Gemeinsam über Grenzen hinweg", Bernie Sanders, Übersetzung: Carola Torti, freitag.de, 20.9.2018)

16

Die feindliche Haltung gegenüber demokratischen Normen, der freien Presse und gegenüber Minderheiten würde diese Regime verbinden. Sie alle teilten die Überzeugung, dass ihre Regierungen jeweils den egoistischen finanziellen Interessen ihrer eigenen politischen Anführer dienten. Sanders bezeichnet dieses Phänomen als kleptokratische Prozesse. Die Autoritären bildeten weltweit eine gemeinsame Front und seien eng mit einem Netzwerk von milliardenschweren Oligarchen verbunden, die die Welt als ihr ökonomisches Spielzeug betrachteten und viele Lebensbereiche – wie z. B. weite Teile der Medienwelt – beherrschten. Wolle man diesem Autoritarismus effektiv entgegentreten, müsse man bereit sein, ein neues Konzept für eine progressive Weltordnung zu erarbeiten und könne nicht auf die vormaligen Konzepte zurückgreifen, da diese gescheitert seien und zu den aktuellen Zuständen geführt hätten. Es reiche daher nicht, nur die jetzt bestehende Ordnung zu verteidigen, so Bernie Sanders.

Zu Beginn des 21. Jahrhunderts offenbart sich unübersehbar die gnadenlose Einseitigkeit und der Egoismus des Homo sapiens als Keim der meisten Katastrophen auf der Welt. Noch mehr Einseitigkeit und Egoismus durch Autokraten und deren Clans sind deshalb wie Öl im Feuer.

Solange aber der starken Sehnsucht vieler Menschen nach Orientierung und Eindeutigkeit stets nur mit Einseitigkeit und nicht mit einem klugen und ausgewogenen Umgang mit der Vielfalt begegnet wird – gebraucht wird dringend die Vision der Vielsichtigkeit –, solange ist das Verderben vorprogrammiert, allen verheerenden historischen Erfahrungen zum Trotz.

Stehen der Menschheit deshalb weitere grausame, möglicherweise sehr verhängnisvolle Jahrhunderte bevor?

Will man die liberalen Demokratien bewahren, die durch ihre Rechtstaatlichkeit eigentlich die individuelle Freiheit eines jeden Einzelnen und das demokratische Funktionieren der Gesellschaft als Ganzes sichern sollen, dann bedarf es unbedingt jetzt eines klugen Narrativs, das möglichst viele Menschen erreicht und sie dazu inspiriert, sich einen intelligenten Umgang mit der Vielfalt anzueignen, denn nur so sind lebensnahe Klarheit und Orientierung möglich. Dafür werden Vielsichtigkeit und Globale Intelligenz benötigt, damit Unterschiede und Gegensätze nicht länger als Bedrohung erscheinen, sondern als Bereicherung dienen können.

Darüber hinaus sollte eine kluge Gegenerzählung heutzutage bewirken, dass die Schwächen der liberalen Demokratien tabulos erkannt, benannt und ausgemerzt werden und dass durch angemessene Veränderungen der unverzichtbare Wert aufgeklärter demokratischer Gesellschaften für möglichst viele wieder sichtbar wird.

• Gebraucht werden jetzt dringend demokratiebegeisterte Menschen, die in einer unüberhörbaren „Gegenbewegung" dafür sorgen, dass das Rad der menschlichen Entwicklung nicht wieder aus Angst vor der Vielfalt und dem damit verbundenem Hang zu einseitigen Weltsichten zurückgedreht wird.

• Gebraucht wird eine umfassende Bildung, die Menschen nicht länger auf sich alleine gestellt in der Einseitigkeit zurücklässt.

• Gebraucht wird die couragierte Kooperation vieler, um die unverzichtbaren globalen Veränderungen durchzusetzen.

• Gebraucht wird jetzt eine kluge und furchtlose Politik, die diesen grundlegenden Wandel, der nicht ohne spürbare Einschnitte zu realisieren ist, auch beherzt umzusetzen vermag.

• Gebraucht werden dafür Politiker, die sich nicht länger an erster Stelle um ihren eigenen Erfolge bei den nächsten Wahlen und den Ausbau ihrer persönlichen Macht kümmern, sondern die die sinnvolle Lösung der anstehenden Aufgaben zur obersten Priorität erheben.

• Gebraucht werden dafür allerdings unbedingt (wahlberechtigte) Bürger, die ihrerseits eben genau diese Zusammenhänge verstehen, bei der nächsten Wahl entsprechend würdigen und derartige Politiker mit solch einer klugen Politik entschieden unterstützen.

• Gebraucht wird wieder Demokratiebegeisterung. Es darf keinen Tag länger mehr so sein, dass sich Wähler innerhalb eines demokratisches Systems dazu verleiten lassen, selbstherrliche Egomanen zu unterstützen, anstatt Politiker zu wählen, die sich im obigen Sinn ernsthaft mit all ihrem Wissen und Können und die sich mit all ihrem Engagement für angemessene sinnvolle Lösungen einsetzen.

• Gebraucht wird eine schonungslose Lossagung von den oberflächlichen Mechanismen der so genannten Mediendemokratie, die bei genauer Analyse geradezu ein Fluch für jedwede politische Qualität darstellt, weil verhängnisvollerweise zu viele Menschen auf Effekthascherei hereinfallen, anstatt die Möglichkeit zu nutzen, sich fundiert zu informieren. Die Zeiten von „Schein" statt „Sein" in Bezug auf Personen und Inhalte müssen ein für alle Male ein Ende haben. Im Zentrum des gesellschaftlichen Miteinanders braucht es dringend Ernsthaftigkeit, Wahrhaftigkeit und Verlässlichkeit. Diese Charaktereigenschaften sollten künftig im Fokus von Aufmerksamkeit und Respekt stehen. Dann klappt das auch mit einer intelligenten Politik.

▪ Gebraucht werden deshalb kluge, seriöse und verantwortungsvolle Medienschaffende und Medien. Diese sind für den Wandel unverzichtbar!

▪ Gebraucht wird ernsthaftes Engagement in allen Lebensbereichen.

♦ **Gebraucht wird für das Ende des Wahnsinns und den Beginn einer fruchtbaren Phase in der Entwicklung der Menschheit die Menschensonne: Jeder gibt sein Bestes, damit das Beste realisiert werden kann.** Warum eigentlich sollte das ein frommer Wunsch bleiben?

Bei all den von Menschen verursachten Problemen, gibt es derzeit weit und breit keinen einzigen Ansatz, der in Bezug auf realistische Lösungen logischer wäre als das Ideal der Menschensonne, sei denn, man will die einseitige Ego-Party mit all den bekannten Folgen immer weiter fortführen. Der Anfang liegt im Denken, die vermeintlichen Hürden ebenso.

Genau in solch einer Entwicklung besteht der nächste elementare Schritt in der Evolution der Menschen. Und natürlich können die Menschen das. Bis zum heutigen Zeitpunkt haben sie sich – abgesehen von einigen schwerwiegenden Verirrungen – als Meister der Kooperation erwiesen. Das evolutionär gesehen äußerst kurze Zwischenspiel des „Homo oeconomicus" hat die Menschen zwar zeitweilig auf die schiefe Bahn gebracht, wird sie dafür aber künftig um so beherzter wieder in fruchtbare Kooperation zurückkehren lassen – dieses Mal allerdings durch Vielsichtigkeit und Globale Intelligenz bereichert und abgesichert.

Revolutionen im 21. Jahrhundert

Die aktuellen Handbücher verstehen sich als Anstoß zu revolutionären Veränderungen.

Der Begriff der Revolution wird in diesem Zusammenhang als tief greifende zeitnahe Umwälzung und grundlegende Neuerung verstanden: einerseits gewaltlos und besonnen, andererseits tabulos klar und unmittelbar beherzt. Heutzutage sind revolutionäre Veränderungen als Ergänzung zur

Evolution unverzichtbar, da der Zustand von Natur und Mensch zu Beginn des 21. Jahrhunderts definitiv keine langwierigen Entwicklungen mehr zulässt. Dabei geht es dieses Mal definitiv nicht darum, wieder irgendwelche einseitigen Weltsichten – wie z. B. den Kapitalismus oder den Kommunismus – zu zementieren.

• Gebraucht werden wesentlich klügere Ansätze, die die vielfältige Lebenswirklichkeit der Menschen weitaus genauer abbilden.

• Gebraucht wird deshalb ein Gesellschaftsmodell – wie das der Kooperationswirtschaft –, das für die Ausgewogenheit von Individuum und Kollektiv, von Freiheit und Verantwortung, von Eigen-, Fremd-, Gemein- und Universalwohl steht.

Im Sinne eines fairen Miteinanders muss niemand Angst vor solchen Revolutionen haben, außer vielleicht die selbstherrlichen und raffgierigen Egomanen, denen es einseitig schon immer nur um sich selber ging. Aber selbst die könnten erkennen, dass die Zukunft der Menschheit in fruchtbarer Kooperation liegt, weil letztendlich ein jeder davon profitierten kann.

Die Evolution ist eine allmähliche Entwicklung, zum Teil über Millionen von Jahren. Revolution dagegen bedeutet einschneidende Veränderungen innerhalb von kurzer Zeit. Die Evolution umfasst die Entwicklung des Kosmos (kosmische Evolution), die Entwicklung der Erde (geologische Evolution) und die Entwicklung der Lebewesen (biologische Evolution). Betrachtet man die Evolution des Menschen, so umfasst diese zum Beispiel biologische, psychische und kulturelle Aspekte.

Völlig unerwarteterweise ist die Evolution inzwischen – u. a. befeuert durch die industrielle Revolution – an einem Punkt angelangt, an dem die Menschen durch ihr Tun nicht länger nur einen prägenden Einfluss auf die eigenen menschlichen Belange haben, sondern auch global auf biologische, geologische und atmosphärische Zustände und Entwicklungen auf der Erde. Dieser bislang fast ausschließlich negative Einfluss der Menschen bedroht zunehmend die bis dato lebensfreundlichen Verhältnisse auf ihrem Heimatplaneten. So ist es nachvollziehbar, dass Wissenschaftler mittlerweile sogar von einer erdgeschichtlich neuen Epoche sprechen: vom „Anthropozän", vom „Zeitalter des Menschen", was derzeit allerdings nichts Gutes bedeutet.

„Der Klimawandel ist eine der größten Bedrohungen unserer Zeit, die wir aufhalten könnten, wenn wir jetzt handeln. ... Wir stehen kurz vor einem

*entscheidenden Punkt, an dem die Klimaerwärmung unumkehrbar wird.
... Trumps Entscheidung [Anm.: das Pariser Klimaschutzabkommen zu verlassen]
könnte die Erde wie die Venus werden lassen: Temperaturen von bis zu
250 Grad Celsius und es regnet Schwefelsäure.*", so der 2018 verstorbene
Astrophysiker Stephen Hawking (1942-2018). *(„Stephen Hawking machte eine
unheimliche Vorhersage über Trump", 9.7.2018, businessinsider.de)*

Infolge dieser bis heute ignorierten Entwicklung, da sie den bisherigen
geistigen Horizont des Homo sapiens komplett übersteigt, finden die
Menschen sich jetzt unerwarteterweise in einer bis zum heutigen Tag unvorstellbaren Verantwortung wieder: der Verantwortung für die Entwicklung der Menschheit und der Erde. Eigentlich ist das alles andere als
plötzlich geschehen, aber die Menschen haben diese Erkenntnis viel zu
lange nicht wahr haben wollen, was nicht wenige aus Ignoranz noch heute
tun – z. B. der derzeitige US-amerikanische Präsident Donald Trump, wie
auch dessen Vorvorgänger George W. Bush. Deshalb wird die Menschheit
jetzt recht unvermittelt in vollem Ausmaß damit konfrontiert. Um nachhaltigen Schaden zu vermeiden, was für kurze Zeit wohl noch möglich
sein soll, bleibt in Bezug auf die notwendige Bewusstheit und das daraus
folgende adäquate Handeln an diesem in der Evolution unumkehrbaren
Punkt keine Zeit mehr für langwierige evolutionäre Prozesse. Gefahr ist in
Verzug. Der Rückfall in Leugnung und einfältige Erklärungen – wie es
nicht wenige vorziehen – stellt eine Bankrotterklärung menschlicher Er-
kenntnismöglichkeit dar und ist für das Leben der kommenden Generationen auf der Erde absolut verhängnisvoll.

Deshalb werden jetzt sofort ohne Wenn und Aber „revolutionäre Prozesse" gebraucht, bei denen es um zeitnahe tiefgreifende und umfassende
Wandlungen im Denken und im Handeln geht. Einseitige Weltsichten
müssen überwunden, Vielsichtigkeit und Globale Intelligenz etabliert und
entsprechendes Handeln verwirklicht werden. Selbstverständlich nicht
gewaltsam, sondern in globaler Kooperation, selbstverständlich nicht in
blinder Besessenheit, sondern äußerst besonnen, selbstverständlich nicht
zögerlich, sondern mit tabuloser Klarheit und äußerster Durchsetzungs-
kraft. Nur so kann die Menschheit ihrer heutigen Verantwortung für
Mensch und Natur tatsächlich gerecht werden. Diese Form der Revolutionen kann man als den unmittelbar anstehenden nächsten evolutionären
Schritt bezeichnen, deren Verweigerung als evolutionären Rückschritt.

Das „Brillen-Dilemma"

Ein jeder kennt das Beispiel von der Brille mit den farbigen Gläsern, die dem Träger den Eindruck vortäuschen, dass die Farben in der Welt, die er durch seine Brille wahrnimmt, der Tönung seiner Brillengläser entsprechen: Sind die Brillengläser bräunlich, erscheint die ganze Welt braunstichig, was natürlich die Wahrnehmung der eigentlichen Farbenvielfalt spürbar einschränkt. Nimmt der Brillenträger allerdings die Brille wieder ab, so sieht er die gewohnten unverfälschten Farben, also erneut die ungetrübte Farbenvielfalt. So weit, so bekannt und so banal.

Man sollte dieses Beispiel allerdings einmal fantasievoll zu Ende denken: Was wäre, wenn der Brillenträger tagein, tagaus dieselbe Brille quasi von Dunkelheit zu Dunkelheit trüge – z. B. in Form von farbigen „Permanent-Kontaktlinsen" – und den wirklichen Anblick der Welt auf Dauer vergessen hätte?

Selbstverständlich hielte er dann die eingefärbte Welt für die reale. Nähme er zu einem späteren Zeitpunkt dann doch einmal die ungetrübte Farbenvielfalt der Wirklichkeit ohne Brillen- bzw. Linsen-Sicht wahr, dann käme ihm diese vermutlich wie eine verstörende, blendende Illusion vor, die er schnell zu korrigieren versuchte, denn nur die eingefärbte Welt wäre für ihn ja die reale.

So bescheiden dieses Brillenbeispiel auch sein mag, so treffend beschreibt es den kognitiven Zustand des heutigen selbst ernannten Homo sapiens zu Beginn des 21. Jahrhunderts. Denn der Mensch begrenzt in seinem Lebensalltag tatsächlich hartnäckig seine Sicht der Wirklichkeit durch mehrere Brillen: u. a. durch die „Einseitigkeits-Brille", durch die „Egoismus-Brille", durch die „Egozentrik-Brille" und durch die „Wettkampf-Brille".

• **Die Einseitigkeits-Brille:** Der Mensch ist inmitten seiner selbst erschaffenen Entweder-oder-Welt felsenfest von der Widerspruchsfreiheit und dem ausgeschlossenen Dritten überzeugt, also davon, dass es keine (vermeintliche) Gegensätzlichkeit und keine zusätzlichen „Zwischenstufen" bzw. „Misch-Aspekte" in Bezug auf ein und dieselbe Sache geben darf. Verhängnisvollerweise baut er auf dieser völlig einseitigen, grundlegend reduzierten Sicht der Wirklichkeit, seine zentrale Logik und all seine Wissenschaften auf. Die Einseitigkeits-Brille gaukelt den Menschen eine Welt vor, die es in dieser Einfalt überhaupt nicht gibt. Also runter damit!

• **Die Egoismus-Brille:** Der Mensch ist durch die strikte Bevorzugung ökonomischen Denkens inzwischen fest davon überzeugt – im völligen Gegensatz zu seinem gesunden Menschenverstand, den heutigen evolutionsbiologischen Erkenntnissen und den vielen verschiedenen anderslautenden ethisch-religiösen Ansichten –, dass er von seiner Natur her ein einhundertprozentiger Egoist ist. Er baut sein globales Wirtschaftssystem – mit Auswirkungen auf fast jeden Menschen – auf dieser höchst destruktiven Annahme auf und wundert sich in seiner Einfalt dann, dass all die wertvollen ethischen Ansätze – z. B. in Bezug auf solidarisches Handeln – auf Dauer erfolglos sind und die Menschen – im Gegenteil – zunehmend egoistischer werden. Die Egoismus-Brille führt zur Zerstörung lebenserhaltender Mitmenschlichkeit und Verantwortung. Also runter damit!

• **Die Egozentrik-Brille:** Fast jeder Mensch geht davon aus, dass genau er mit seiner ureigenen Sicht, dass genau seine Kultur, seine Spezies oder auch sein Planet im Mittelpunkt allen Geschehens steht und deshalb den für alle geltenden Standpunkt bzw. die für alle geltende Norm verkörpert. So gründen die meisten Menschen ihr Handeln und ihr Denken auf einer völlig beschränkten Sicht – selbst in der heutigen globalisierten Welt. Die Egozentrik-Brille verleiht den Menschen eine ichbezogene Weltsicht mit allen verheerenden Folgen für seinesgleichen und für die Umwelt. Der sorglose, unverantwortliche Umgang mit dem einzigen Lebensraum Erde ist nicht nur dem Egoismus geschuldet, sondern auch Ausdruck der verheerenden menschlichen Egozentrik. Also runter mit der Brille!

• **Die Wettkampf-Brille:** Die meisten Menschen definieren sich immer noch als Einzelkämpfer, die sich im permanenten Wettstreit mit allen anderen wähnen, anstatt Wissen und Kompetenzen als gemeinsam nutzbare Bereicherung zu erfahren. Ihr blinder, tierischer Selbstbehauptungstrieb ist stets wichtiger als sinnvolle Lösungen durch Voneinander-Lernen und Miteinander-Kooperieren. Die Wettkampf-Brille lässt die Menschen am Ende einsam versagen, anstatt gemeinsam erfolgreich zu leben. Also runter damit!

♦ **Fazit:** Die Vermehrung fundierten gesellschaftlichen Wissens gelingt nur ohne diese Brillen. Die Menschen hören sonst nicht auf, sich in Bezug auf die Wahrnehmung der ganzen Wirklichkeit und den sinnvollen Umgang mit dieser unablässig selber zu begrenzen. Dadurch beeinträchtigen sie massiv ihr eigenes Denken und Handeln und damit auch das gesellschaftliche Miteinander.

Seit Jahrhunderten reden sich die Menschen diese einfältigen Sicht- und Verhaltensweisen ein und weigern sich bis heute vehement, die ganze Vielfalt der Wirklichkeit als gegeben anzuerkennen und den sinnvollen Umgang mit dieser zu erlernen. Nach dem Motto, dass nicht sein kann, was einmal ausgeschlossen wurde (de facto aufgrund einer viel zu begrenzten Sicht) und infolgedessen ein für alle Male nicht sein darf, wird ein anderes Denken als unwissenschaftlich, als idealistisch verträumt und als unnatürlich abgekanzelt, obwohl es der gesunde Menschenverstand schon sehr lange sehr viel besser weiß. Das Abnehmen der Brillen offenbart nämlich etwas, was grundsätzlich nicht unbekannt ist.

Dennoch werden Menschen mit anderen Sichtweisen ignoriert oder verspottet. Kein Wissenschaftler kann es sich deshalb jemals wagen, ohne den vollständigen Verlust seiner Reputation und seiner Stellung befürchten zu müssen, die allgemein vorherrschenden Sichtweisen bzw. grundlegenden Axiome der Logik und der Wissenschaften derart radikal in Frage zu stellen – wie das in diesen Handbüchern geschieht –, selbst wenn sich anderslautende Erkenntnisse förmlich aufdrängen und auch die vielen Warnzeichen geradezu nach Veränderung „rufen". Auf diese Weise der kritischen Vernunft selbstverschuldet beraubt, die eigentlich Voraussetzung für jedwedes wissenschaftliche Denken ist, wird am Ende nicht selten sogar der globale Wahnsinn zu Beginn des 21. Jahrhunderts immer weiter schöngeredet, weil einem nichts besseres mehr einfällt.

Wie lange noch?

Wo sind die Mutigen, die die Zivilcourage aufweisen, endgültig ihren tiefsten Erkenntnissen den Weg zu bahnen und sich beherzt für wirklich sinnvolle Veränderungen einzusetzen?

Sie werden jetzt gebraucht!

Es liegt auf der Hand, dass der entscheidende Impuls von „Außen" bzw. von „Unten" kommen muss, dass zumindest alle, die diese Zusammenhänge erkannt und verstanden haben, unübersehbaren Druck aufbauen müssen. Es ist nämlich bei Weitem nicht zwangsläufig nur das gut und richtig, was die Mehrheit als solches empfindet. Lösungen finden sich meistens abseits der eingetretenen Pfade. Der Mensch hat seinen Verstand, mit dem er bei tabulos klarer und besonnen ausgewogener Nutzung auch „in der Minderheit" zu erkennen in der Lage ist, was sinnvoll ist. Dafür muss er beileibe nicht darauf warten, dass viele andere das auch so sehen. Die wirkliche Qualität einer Sache hängt zum Glück nicht davon ab, ob irgendein anderer diese auch erkennt. Allerdings ist es im zweiten Schritt für die gesellschaftliche Implementierung unverzichtbar, dass möglichst viele die entsprechenden Erkenntnisse zuzulassen bereit und in der Lage sind. Genau an diesem Punkt braucht es die Mutigen (s. o.).

Um Veränderungen endgültig anzuschieben, ist also das beherzte Engagement jedes Einzelnen unverzichtbar, damit infolgedessen immer mehr Menschen ihre Türen und Fenster für das sinnvolle Neue öffnen.

Die meisten Wissenschaftler, Politiker und sehr viele andere sind bisher verhängnisvollerweise dazu nicht bereit. Warten aber ist nicht angesagt:

• Der richtige Zeitpunkt für die größtmögliche Bemühung ist genau jetzt. Wann denn sonst?

• Die Zeit ist reif für Veränderungen. Diese geschehen überall dort, wo sich Menschen im Hier und Jetzt mit ganzer Kraft darum bemühen. Das sollte nie und nimmer zum Erliegen kommen – im Gegenteil!

• Der exakte Zeitpunkt des definitiv gesamt-gesellschaftlichen Richtungswechsels lässt sich im Voraus nicht bestimmen. Dieser kann nur durch möglichst viele angestoßen werden. Jedes persönliche Warten darauf ist wie Sand im Getriebe, der Veränderungen behindert bzw. am Ende sogar verhindert – also beschränkt, verantwortungslos und destruktiv.

♦ Wer sich bewusst ist, dass Veränderungen notwendig sind, der sollte sich jetzt und künftig mit all seiner Kraft und Klarheit dafür einsetzen.

Die Verweigerung, sein Denken zu verändern und aktiv zu werden, erinnert – wie schon an früherer Stelle erwähnt – an das Verhalten von Drogenabhängigen. Das ähnelt einer tief sitzenden Gewohnheit bzw. einer Sucht, wie sie es zum Beispiel starke Raucher, Gewohnheits-Trinker oder „Zucker-Junkies" zu genügend kennen. Trotz vieler gut gemeinter Ratschläge von Dritten kann es – wenn überhaupt – sehr lange dauern, bis die eigene Erkenntnis dahingehend reift, dass man die eigene Lebensweise als (gesundheits-) gefährdend erkennt und anerkennt und dass die Einsicht wächst, dass man etwas verändern muss. Das aber kann nur dann gelingen, wenn man es auch von sich selber aus will.

Um sich seine Situation in dieser Art und Weise tabulos vor Augen führen und sich machbare Ziele setzen zu können, braucht es unbestechliche Klarheit, allen Mut und alle seelische Kraft. Nur dann kann man es schaffen, innerlich derart eingestimmt, bei der nächsten sich als hilfreich bietenden Gelegenheit entschieden zu handeln und sein schädliches Tun nicht länger fortzuführen – was vom Prinzip her eigentlich viel leichter ist, als die Angst vor diesem Schritt einem vorher stets weiszumachen versucht. Genau das aber ist der entscheidende Übergang in eine neue Lebensphase, die von Anfang an aller inneren Selbst-Inspiration und aller Durchhalte-Stärke bedarf, in wirklich keinem Moment mehr – auch nicht aus Übermut – wieder anzufangen. Dafür braucht es zwingend die tiefe Erkenntnis, dass ein Leben ohne seine negativen Gewohnheiten auf Dauer viel zufriedenstellender und gesünder ist und dass beispielsweise der kurzfristige Genuss einer Zigarette, eines Glases oder einer zusätzlichen Portion nichts weiter als eine süße Verführung in den realen Abgrund ist.

♦ Hinweis: Allerdings gibt es entscheidende Unterschiede: Auf Alkohol und Nikotin, kann man vollständig verzichten. Sie werden zum Leben nicht zwangsläufig gebraucht. Aber „essen" und „denken" muss man zu jeder Zeit. Bei der Ernährung wie auch beim Denken geht es darum, langjährige Prägungen zu überwinden und negative Gewohnheiten „im laufenden Betrieb" abzulegen und durch sinnvollere Verhaltensweisen zu ersetzen. Es ist viel einfacher, auf ein Verhalten komplett zu verzichten, als es verändern zu müssen. Deshalb bedarf es von Anfang an einer wesentlich größeren Klarheit, worum es bei der Umgewöhnung tatsächlich geht. Man muss das neue Verhalten regelrecht trainieren. Der notwendige Lernprozess ist viel komplexer, die Gefahr von Rückfällen groß. Hilfe von Dritten und gegenseitige Inspiration bei der „Neu-Orientierung" bzw. „Neu-Justierung" ist nahezu unverzichtbar.

Am Anfang der Veränderungen steht also die unverzichtbare Erkenntnis, dass man als so genannter Homo sapiens in Wirklichkeit ein selbst verschuldeter extremer Einseitigkeits- und Ich-Junkie ist, der so schnell wie möglich von diesem Denken und Tun ablassen muss, wenn er in Gegenwart und Zukunft positiv auf der Welt wirken und damit seiner neu erkannten Verantwortung für die Menschheit und die Erde gerecht werden möchte. Die dringend benötigten Veränderungen beginnen genau mit dieser wegweisenden Erkenntnis, die dann im zweiten Schritt das Loslassen von diesen Verirrungen und der Hinwendung zu Vielsichtigkeit, Globaler Intelligenz und Kooperation zur Folge haben muss.

Also runter mit der „Einseitigkeits-Brille", runter mit der „Egoismus-Brille", runter mit der „Egozentrik-Brille", runter mit der „Wettkampf-Brille" und sich dann im Denken und Handeln der ganzen Wirklichkeit öffnen! Auf seinen Nachbarn zu warten, gilt nicht!

Ja, es geht darum, langjährige Prägungen im Denken und im Handeln hinter sich zu lassen. Das geschieht nicht von alleine, es muss immer wieder neu erinnert werden und tut am Anfang vielleicht auch weh. Aber in Wirklichkeit handelt es sich dabei um Phantomschmerzen, denn die neu gewonnene Vielsichtigkeit ermöglicht auf Dauer geistig-emotionale Inspiration, die am Ende jedweden Einseitigkeits-Rausch um Dimensionen übertrifft. Das Überwinden einseitiger Weltsichten, das stückweise Ergründen einer wesentlich umfangreicheren Wirklichkeit, das gemeinsame Lernen durch das Ergänzen von ganz unterschiedlichen Standpunkten ermöglicht die wohltuende Erfahrung von Bereicherung und Orientierung.

♦ Bei der Beendigung einer Sucht, geht es bekanntermaßen nicht um den Verlust von Lebensqualität (so die Sicht des Junkies davor), sondern um die Bereicherung dieser (so die Sicht des Entwöhnten danach).

Was muss eigentlich noch alles geschehen, damit man den Zeitpunkt des Ausstiegs nicht unbeirrt ständig immer weiter verschiebt?

Man sollte sich jetzt ohne Tabus klar machen: Es gibt ihn ganz gewiss, den Augenblick, in dem man es zu weit getrieben hat und hoffnungslos krachend in den Abgrund stürzt. Der genaue Zeitpunkt ist unbekannt, aber diese Tatsache zu verdrängen, ist folgenreiche Realitätsverweigerung. Die Konsequenzen sind dann völlig unumkehrbar und niemals wieder gutzumachen. Es braucht also unbedingt vorher – also genau jetzt – die Bereitschaft zu einer vorausschauenden Sicht mit entsprechend konsequentem Handeln. Die Menschheit darf das Risiko des drohenden Abgrunds nicht länger eingehen! Es gibt nicht nur ein Leben, es gibt auch nur eine Erde!

Veränderungen – nötig und möglich wie nie zuvor!

„Wann, wenn nicht jetzt?
Wo, wenn nicht hier?
Wer, wenn nicht wir?"

In der kulturellen Entwicklungsgeschichte der Menschheit haben vor allem diejenigen Menschen wichtige Veränderungen bewirkt, die im Großen wie im Kleinen all ihre Überzeugung und Unerschrockenheit, all ihre Klarheit und Kreativität und all ihre Kraft und Ausdauer zum Beschreiten neuer Wege und zum unbeirrten Verfolgen ihrer Visionen benutzten. Die Menschheit verdankt genau jedem dieser Einzelnen, die sich aufopferungsvoll in den Dienst der jeweiligen Sache zu stellen vermochten, ihre unglaublichen Entwicklungen und Erfolge. Fortschritt braucht Mut zum Neuen und nicht unterwürfige Konformität. Das möglichst geräuschlose Mitschwimmen in der Masse vermochte noch nie eine Verbesserung hervorzubringen. Kein Einstein dieser Welt ist jemals daraus hervorgegangen.

„Fantasie ist wichtiger als Wissen,
denn Wissen ist begrenzt"
Albert Einstein

Die eigentlichen Versager der menschlichen Geschichte sind nicht die, die nahezu regelmäßig von ihren Mitmenschen völlig alleingelassen und sogar mit Hohn und Spott bedacht in Wirklichkeit vielversprechende neue Wege ausprobieren – selbstverständlich auf dem Weg zum Erfolg mit Versuch und Irrtum, mit Rückschlägen und Misserfolg –, sondern die selbst ernannten Retter des Ewiggestrigen, die neuartige Entwicklungen großmäulig zu verhindern bemüht sind, die etwas Neues erst gar nicht zu

28

denken bereit sind, die in Wahrheit hinter ihrer Agitation die eigene Unfähigkeit zu verbergen suchen. Das Keifen der kleinsten und schwächsten Hunde ist oft das penetranteste von allen, weil diese unentwegt die Illusion von Größe herauszubellen versuchen, was sich bei genauem Hinsehen aber durch und durch als inhaltslos und damit als vollkommen lächerlich erweist.

Was alles hätten die Menschen vor 250 Jahren (also vor etwa 10 Generationen – die letzten drei davon kennt man in der Regel) zu einer Vision von unser heutigen Zeit gesagt: mit einer Mobilität bis hin zu anderen Himmelskörpern, mit nahezu grenzenloser Telekommunikation, mit einem weltumfassenden Internet, mit all den unglaublichen Fähigkeiten und Fertigkeiten der Menschen?

Im Jahr 1768 (= 2018 – 250 Jahre) hatte sich in den Jahrzehnten zuvor die Technik der Dampfmaschine durchgesetzt. Zu diesem Zeitpunkt noch nicht erfunden bzw. eingeführt waren: Eisenbahn (1802), Fotografie (1826), Telefon (1876), Auto (1885), Glühbirne (1878), Röntgenstrahlen (1895), Flugzeug (1903), Antibiotikum (1928), Computer (1941), Mikrochip (1958), bemannte Raumfahrt (1961), Chip-Karte (1968), Spielkonsole (1968), E-Mail (1971), Handy (1973), Personal Computer (PC – 1971), World Wide Web (1990) und das Smartphone (1995). Im 21. Jahrhundert kamen dann zum Beispiel HD-Fernsehen, eBook-Reader, YouTube, Wikipedia, die Cloud, Navigationsgeräte, Facebook und vieles mehr hinzu.

Was also wäre 1768 mit einem Visionär geschehen, der all diese Errungenschaften vorhergesagt hätte? Man möchte es sich lieber gar nicht vorstellen. Jedenfalls wissen wir heute nichts von so einer armen Kreatur.

Natürlich kann die Menschheit völlig zu Recht stolz auf diese unglaublichen Erfolge in so unglaublich kurzer Zeit sein. Das zeigt, zu welchen Leistungen und zu welchen Veränderungen die Menschen auch in sehr kurzer Zeit in der Lage sind. Diesbezüglich hat der Mensch sicherlich die Bezeichnung „Homo sapiens machinator", der kluge Waffen- und Maschinenbauer, verdient. Homo sapiens, ein wirklich kluger Mensch, ist er aber definitiv nicht. Zu viele menschgemachten Katastrophen pflastern seinen Weg. Was fehlt sind Einsicht und Haltung in Bezug auf das Zusammenleben der Menschen und den Umgang mit der Natur.

Das folgende Beispiel macht das deutlich: 1998 glaubten einer Emnid-Umfrage zufolge 81% der Befragten, dass AIDS im Jahre 2050 heilbar ist, während 87% davon ausgingen, dass 2050 immer noch Menschen auf der Welt an Hunger sterben. *(Spiegel Spezial, 10/1998, Die Zukunft der Erde, S. 9)*

Obwohl der Hunger 1998 materiell und logistisch gesehen schon längst hätte überwunden sein können – alles dafür Notwendige stand der Menschheit bereits zur Verfügung –, gingen 87% der Menschen davon aus, dass die Menschheit es auch 50 Jahre später immer noch nicht geschafft hat, dieses unglaubliche Leid zu überwinden. Das spiegelt die verheerende Selbstsicht der Menschen bezüglich ihrer eigenen gelebten Moral wieder. Dagegen aber war das Vertrauen in Forschung und Wissenschaft derart groß, dass ein seinerzeit noch völlig ungelöstes Problem von 81% der Befragten in 50 Jahren für lösbar gehalten wurde.

Wäre das Ergebnis einer solchen Umfrage heute ähnlich?

Die Wirklichkeit spricht eine klare Sprache: 2017 ist die Zahl der Hungernden gegenüber den vorhergehenden Jahren wieder gestiegen. Etwa jeder neunte Mensch hat nicht genug Nahrhaftes zu essen. *(„Uno Bericht – Weltweit hungern 821 Millionen Menschen, 11.9.2018, spiegel.de)*

Genau die in der Umfrage deutlich werdende Einstellung muss sich heute komplett verändern. Denn „der Fisch stinkt vom Kopf her", und zwar vom Kopf eines jeden Einzelnen, der so wenig Vertrauen in das humanitäre Potenzial des Menschen hat und dadurch bereits in seinem Denken Untätigkeit provoziert, was die bisherige weit verbreitete Starre im Handeln erklärt. Das zeigt unmissverständlich, wie wichtig eine Veränderung des menschlichen Denkens ist.

> *„Wir müssen die Änderung sein,*
> *die wir in der Welt sehen wollen."*
> Mahatma Gandhi

Natürlich sind die Menschen auch zu ähnlich umfangreichen und zeitnahen Veränderungen im zwischenmenschlichen und gesellschaftlichen Bereich in der Lage, wie sie dies in in Bezug auf die Fortentwicklung von Waffen, Werkzeug und Techniken eindrucksvoll unter Beweis gestellt haben. Die unverzichtbare Voraussetzung dafür allerdings ist, dass sie sinnvolle Veränderungen im humanitären Bereich überhaupt wollen und zulassen. Bisher waren die meisten von ihnen dazu nicht bereit.

Albert Schweizer bemerkte zu Recht: *„Die größte Entscheidung deines Lebens liegt darin, dass du dein Leben ändern kannst, indem du deine Geisteshaltung änderst."* Und Albert Einstein hierzu: *„Eine neue Art von Denken ist notwendig, wenn die Menschheit weiterleben will."*

Wann, wenn nicht jetzt, ändern die Menschen ihre Geisteshaltung?

Die heute notwendigen Veränderungen sind genau genommen wesentlich einfacher als alle vergangenen technischen Errungenschaften, weil die Menschheit bereits heute über das notwendige Know-how und die entsprechende Technik verfügt. Es ist – wie oben gezeigt – an erster Stelle das Denken der Menschen, das einer sofortigen Korrektur bedarf. Auf dieser Grundlage erfolgt dann das Handeln in konstruktiver Kooperation, und zwar genau dort, wo man steht, mit dem, was man kann, und mit denen, die mitmachen. Auf diese Weise lassen sich die Menschheit und die Welt vor dem Schlimmsten bewahren und künftig in eine fruchtbare Richtung bewegen, wenn einerseits jeder einzelne Mensch seine Haltung verändert und andererseits die Gesellschaft als Ganze neue Wege beschreitet.

Der Ausblick

Der Aufgabenberg zu Beginn des 21. Jahrhunderts

erscheint auf den ersten, oberflächlichen Blick

als für sinnvolle Lösungen viel zu gewaltig.

Auf den zweiten Blick aber lässt sich erkennen,

dass der vom Menschen schon längst verursachte Mist,

dass also die Altlasten den weitaus größten Teil ausmachen.

Das eigentliche Problem

sind also gar nicht die aktuell notwendigen Veränderungen

im Denken und Handeln der Menschen.

Wie sähe dann eine Welt aus,

in der nicht Einseitigkeit und Egoismus bestimmten,

in der Klugheit im Dienste der Aufgaben im Mittelpunkt stünde?

Wie sähe eine Welt aus,
in der Vielsichtigkeit und Globale Intelligenz,
in der die Goldene Regel und Kooperation gelebt würden?

Die Vorstellung davon
verspricht ein lohnenswertes Leben,
jenseits all des heutigen Wahnsinns.

Wenn aber das Ziel lohnenswert ist
und der grundlegende Wandel faktisch nicht das Problem,
warum dann nicht sofort beginnen – unbeirrt und zielstrebig?

Um die Altlasten
kann sich im zweiten Schritt gekümmert werden.
Dann ist dieses Unterfangen viel Erfolg versprechender.

Die Analyse des Wahnsinns zu Beginn des 21. Jahrhunderts (s. u. a. den Band „Das Ende des Wahnsinns") gipfelt in der Erkenntnis – wie oben bereits erwähnt –, dass Einseitigkeit und übertriebene Ichbezogenheit die häufigste Ursache für die menschgemachten Probleme sind. Der Schlüssel für die notwendigen Veränderungen in nahezu allen Bereichen menschlichen Lebens liegt also in der Überwindung der Einseitigkeit – hin zur Vielsichtigkeit – und in der Überwindung der Ichbezogenheit – hin zu Globaler Intelligenz und fruchtbarer Kooperation.

„Auch eine schwere Tür
hat nur einen kleinen Schlüssel nötig."

Charles Dickens (1812-1870), englischer Schriftsteller

Die Veränderung des eigenen Denkens und seiner grundsätzlichen inneren Haltung sind das über allem stehende elementare erste Ziel und damit der Beginn von Veränderungen. Das ist weder unerreichbar noch etwas, wovor man in die Knie gehen müsste. Es ist allerdings unverzichtbar, dieses als Ziel zu erkennen und anzuerkennen, bevor man es dann mit allen zur Verfügung stehenden Kräften zu erreichen bzw. umzusetzen versucht.

Von dem gewaltigen globalen Problemberg, der in der Vergangenheit stark gewachsen ist, darf man sich zu keinem Zeitpunkt abschrecken lassen: nicht im Vorfeld und nicht am Anfang seiner Bemühungen. Beginnt man nämlich mit der Veränderung seines Denkens und seiner Haltung, dann wird sich das Verhalten, das zu diesen Altlasten geführt hat, nicht weiter fortsetzen. Bereits das ist der entscheidende „Phasensprung", der je nach Problem-Bereich schneller oder langsamer zu einer Umkehrung der schädlichen Entwicklungen führt.

Bisher waren die Menschen Meister im Verursachen von schädlichen Entwicklungen, Versager in deren Vermeidung und absolute Nieten, wenn es um das Aufräumen ging. Jetzt werden sie lernen müssen, im positiven Sinn einerseits Meister fruchtbarer Entwicklungen und andererseits Experten in der Entsorgung von Altlasten zu werden. Ihre neu gewonnene Vielsichtigkeit – jenseits von Einseitigkeit und Egoismus, manifestiert in fruchtbarer Kooperation – beflügelt sie dabei. So können die menschlichen Bemühungen wesentlich effektiver sein als jemals zuvor für möglich erachtet.

Der Kooperationseffekt

Aufgaben,

die man gemeinsam löst,

fallen einem wesentlich leichter,

als wenn man alleine damit ist.

Wissen,

das man mit anderen teilt,

wird nicht weniger,

sondern es wird mehr.

Energien,

die man mit anderen bündelt,

verlieren sich nicht,

sondern nehmen an Stärke zu.

Erfolg,

den man gemeinsam erzielt,

ist nicht weniger wert,

sondern wesentlich bedeutsamer.

Menschen,

die vielsichtig und klug kooperieren,

können den Wahnsinn in der Welt beenden

und zu neuen Ufern führen.

So erscheinen auch die Problemberge nicht länger als unermesslich. Beim Überwinden dieser Berge lässt man sich am besten durch die Vorgehensweise von erfahrenen Bergsteigern inspirieren.

Die Strategie der Bergsteiger

„Die Hauptsache ist, man weiß, wo der Berg steht. "

So der erste offizielle deutsche Bergführer, Johann Grill (1835-1917), genannt der „Kederbacher", auf die Frage, was das Wichtigste beim Bergsteigen sei.

Der Kommentar des bekannten Bergsteigers Reinhold Messner (geb. 1944) hierzu: „ *Und das unterschreibe ich sofort. Ich muss wissen, was ich will. Ich muss wissen, was mein Ziel ist. ... Ich kann mich ja nur identifizieren mit einem Ziel, wenn ich weiß, was mein Ziel ist. ... Und ich glaube, dass das Problem vieler junger Leute heute ist, dass sie nicht wissen, was sie eigentlich wollen.* " *(nach einem Interview von Lisa Feldmann und Andreas Lebert mit Reinhold Messner, „Kann man Willensstärke trainieren?", zeit.de, 25.5.2018, aus ZEIT Wissen Nr. 3/2018)*

Ganz offensichtlich ist die fehlende Zielsetzung nicht nur ein Problem der jungen Leute, sondern ganz allgemein der meisten Menschen heutzutage. Wer weiß denn in diesen unübersichtlichen Zeiten noch, was er wirklich will. In dem ganzen Wahnsinn um einen herum spürt man zwar immer eindringlicher, was man nicht will, aber die Vielzahl der Probleme und vor allem auch deren gewaltigen Ausmaße nehmen einem zunehmend den Mut, Ziele aufzustellen und zu verfolgen, da diese sogleich als illusorisch erscheinen und von den meisten auch so eingestuft werden. Da schließt sich der Teufelskreis: Die so hervorgerufene Ziellosigkeit verstärkt das Gefühl der Orientierungslosigkeit und das wiederum die wachsende Bereitschaft, sein Glück in einseitigen Welterklärungen zu suchen. Deshalb ist besonders in den heutigen Zeiten eine angemessene Zielsetzung unverzichtbar.

Jeder erfahrene Bergsteiger weiß zu Beginn von seinem Ziel definitiv recht viel: von dem extrem hohen Gipfel und der Tatsache einer alles anderen als einfach zu besteigenden Route. Bei seinem Weiterkommen konzentriert er sich dann allerdings auf jede einzelne seiner Bewegungen: Schritt für Schritt, von Stein zu Stein, von Felsvorsprung zu Felsvorsprung, von Zwischenziel zu Zwischenziel, von Basislager zu Basislager. Es wäre geradezu selbstmörderisch, neben einer klaren Orientierung sich permanent die drückenden Herausforderungen des Ganzen mantramäßig vor Augen zu führen, da in der Realität doch genau die Herausforderung jedes konkreten Augenblicks, also jede einzelne Bewegung, über Leben oder Tod entscheidet.

Hinzu kommt die selbstverständlich unverzichtbare Notwendigkeit zum fast geräuschlosen Gelingen einer vertrauensvollen Kooperation mit den anderen der Seilschaft, was ebenfalls ein zentraler Garant für das Überleben ist. Jedwede Paranoia vor den schwindelerregenden Herausforderungen des gesamten Unternehmens gefährdet nicht nur das eigene, sondern vor allem auch das Leben der anderen, die mit in die Tiefe gerissen werden könnten. Deshalb muss sich jeder nicht nur auf die physische, sondern vor allem auch auf die mentale Stärke des anderen blind verlassen können. Der verantwortungsvolle tabulose Umgang mit den eigenen Stärken und Schwächen, das angemessene, aber notwendige Hinzulernen in den geeigneten Augenblicken, sind nicht nur im Berg überlebenswichtige Voraussetzungen. Jede Situation verlangt einhundertprozentige Aufmerksamkeit, denn Ablenkung kann tödlich sein.

Beim Bergsteigen führen garantiert nicht alle Wege zum Ziel. Und die Vorstellung, dass der Weg gar das Ziel sei, wäre für ernsthafte Bergsteigerei verheerend. Solch eine Einstellung bleibt Spaßvögeln, Genießern und Zen-Buddhisten vorbehalten.

Das Ziel und seine gewaltigen Ausmaße völlig klar vor Augen, die Route auf dieser Grundlage glasklar bestimmt, den Weg in machbare Etappen gegliedert, konzentriert man sich dann mit äußerster Kraft und positiver Einstellung auf jeden einzelnen Schritt und die Kooperation mit den anderen. Das ist das Erfolgsrezept verantwortungsvoller Bergsteiger, die Bereicherung und Freude in ihrem verlässlichen Erfolg erfahren.

Ohne ein klares Ziel

keine klare Richtung

und kein klarer Weg.

Was bliebe,

wären Unklarheit,

Gefahr und Stillstand.

Das gilt natürlich auch für jeden Menschen, der in der Lebenswirklichkeit bestehende katastrophale Zustände beenden und fruchtbare Verhältnisse neu gestalten möchte. Auch hier ist es von entscheidender Bedeutung, Start und Ziel, Weg und Richtung äußerst klar zu unterscheiden, den Weg in beschreitbare Etappen einzuteilen und mit äußerster Aufmerksamkeit jeden einzelnen Schritt zu machen.

Hinweis: Das Beispiel des Bergsteigens bezieht sich ausdrücklich nicht auf verantwortungslose Extremkletterer bzw. so genannte Adrenalin-Junkies, die durch immer größer werdende lebensgefährliche Waghalsigkeit den ultimativen „Kick" durch körpereigene Drogen zu erhaschen suchen. So lange diese noch am Leben sind, haben sie wirklich Mitleid und Hilfe verdient, danach ihre leichtfertig zurückgelassenen Angehörigen, deren Schicksal unfassbarerweise stets in Kauf genommen wird.

Es ist das Problem sehr vieler Junkies, dass sie den tödlichen Abgrund ganz einfach ignorieren und sich dadurch besonders stark fühlen. Welch eine Verirrung! Weit entfernt von jedweder sinnvollen Selbstverwirklichung, da das Unterfangen viel zu oft in Selbstvernichtung endet!

Macht des Einzelnen – Macht der Gemeinschaft

Der österreichische Schriftsteller Stefan Zweig (1888 – 1942) hat einmal folgende wunderbare Zeilen benutzt. Wahrscheinlich hat dieser Ausspruch seinen Ursprung in einer afrikanischen Kultur. Er soll ein Sprichwort der Xhosa sein (in Tansania, Südafrika, Botswana und Lesotho).

„Viele kleine Leute an vielen kleinen Orten,

die viele kleine Schritte tun,

können das Gesicht der Welt verändern."

Dieser Ausspruch trifft etwas sehr Wesentliches, nämlich dass sich der Einsatz jedes Einzelnen zu etwas ganz großen Ganzen summieren und damit etwas bewegen kann. Inspirierend!

Damit sich eine derartige Vorstellung allerdings von der Ebene einer betörenden romantischen Inspiration auf die Ebene einer praxistauglichen Idee weiterentwickeln kann, müssen die Aspekte der Übereinstimmung von Ziel und Richtung und der Kooperation hinzugefügt werden:

Wenn viele Einzelne

an vielen Orten

viele eigene

und viele gemeinsame Schritte
in die festgelegte Richtung
des zuvor bestimmten Zieles tun,
vermögen sie in Kooperation
mit möglichst vielen anderen
die Welt nachhaltig zu verbessern.

Zugegeben, die inspirierende Schönheit des ursprünglichen Ausspruchs ist verloren gegangen. Diese neue Fassung soll aber vor Augen führen, dass zunächst Ziel und Richtung geklärt sein müssen, bevor die Bemühung jedes Einzelnen in der Kooperation mit anderen in der Summe tatsächlich „das Gesicht der Welt" zu verändern vermag. Die „Macht jedes Einzelnen" kann so zur „Macht der Gemeinschaft" werden.

In Bezug auf das Fernsehen hat sich dieses Prinzip unter dem Begriff der Einschaltquoten bereits herumgesprochen: Sind die Einschaltquoten zu niedrig, dann wird über kurz oder lang die entsprechende Sendung abgesetzt. Die Zuschauer bestimmen also durch ihr Sehverhalten indirekt das Programm. Am Ende entscheiden also sie darüber, was man ihnen serviert und was nicht.

Dieses Prinzip existiert heutzutage in sehr vielen Lebensbereichen: Die Nachfrage bestimmt das Angebot. Verhängnisvollerweise ist die Nachfrage der Menschen aber viel zu häufig durch gezielte Manipulation (z. B. durch Werbung aller Art, durch Lügen in allen Variationen und auf allen Kanälen, durch Missbrauch der sozialen Medien etc.) fremdbestimmt. Diesbezüglich bedarf es also größter Bewusstheit.

Im Folgenden Beispiele für die potenzielle Macht einer kooperierenden Gesellschaft:

• Es gibt keine Religion auf der Welt, die gesellschaftlich überleben kann, wenn die Menschen ihr das Vertrauen entziehen.

• Es gibt keinen Diktator, keinen Präsidenten und keine Partei auf der Welt, von denen auch nur ein einziger bzw. eine einzige politisch überleben kann, wenn sie von den Menschen keine Unterstützung mehr erfahren.

- Es gibt keinen Konzern auf der Welt, der finanziell überleben kann, wenn die Kunden nichts mehr von ihm und seinen Produkten wissen wollen.
- Es gibt kein System und keine Tradition auf der Welt, die überleben können, wenn die Menschen sie nicht mehr wollen.
- Aktuelles Beispiel: Anfang September 2018 hat das Kampagnennetzwerk Avaaz, das u. a. eine bekannte Petitionsplattform ist, mithilfe von über 200.000 Spenden und einer (u. a.) damit finanzierten hervorragenden Anwaltskanzlei ein Gerichtsverfahren gegen den machtvollen Konzern Monsanto, der inzwischen Teil der Bayer AG ist, gewinnen können. Daraufhin informierte die Bewegung ihre Unterstützer in einem euphorischen Rundschreiben darüber: ... *„Selbst die mächtigsten Akteure auf dieser Welt sind nicht mächtiger als die Wahrheit und nicht stärker als einfache Bürger, die sich zusammenschließen und sich für all das einsetzen, was ihnen am Herzen liegt."* ... *(„Monsanto: Wir haben GEWONNEN!!!", Avaaz-Rundschreiben vom 07.09.2018)*

Wie immer man zu den einzelnen Akteuren und den konkreten Inhalten stehen mag, so bringt dieses Beispiel das zuvor beschriebene Prinzip unmissverständlich auf den Punkt. Als Bürger sollte man dies zur Kenntnis nehmen und niemals mehr vergessen.

Wer allerdings etwas anderes glaubt, der ist der Verschleierungstaktik der Mächtigen oder der ewig Gestrigen, die sich sogar dringend benötigten Veränderungen lautstark in den Weg stellen, bereits auf den Leim gegangen. Das aber ist nicht zwangsläufig für immer hoffnungslos, denn man kann sich zu jedem Zeitpunkt die Zusammenhänge bewusst machen und künftig im Denken und Handeln Einsicht und Vernunft Oberhand gewinnen lassen.

♦ **Fazit: Die Erkenntnis, dass eine entschlossene Gesellschaft über ein machtvolles Potenzial verfügt, was konkrete Einflussnahme anbetrifft, und es deshalb kaum Veränderungen gibt, die nicht realisiert werden können, sollte verinnerlicht und berücksichtigt werden.**

- Das Ganze beginnt im Hier und Jetzt mit der sicht- und hörbar gemachten Überzeugung eines jeden Einzelnen.

- Die Macht jedes Einzelnen kann sich heutzutage in Windeseile um ein Vielfaches potenzieren und so zur eindrucksvollen Macht der Gemeinschaft werden.
- Die Macht der Gemeinschaft ist Ausdruck der Macht der Einzelnen.

Das Prinzip ist immer gleich und muss ganz einfach nur beherzigt werden. Niemand sollte je auf seine persönliche Macht aus Ignoranz verzichten!

Die Einflussreichen der Welt fürchten diese gesellschaftliche Bündelung von Macht wie der Teufel das Weihwasser, weil sie durch einige Vorfälle in der Vergangenheit sehr genau wissen, dass sie gegen die Macht der vielen Einzelnen – in diesem Fall der Verbraucher oder der Bürger – völlig machtlos sind, selbst wenn sie noch so groß sind. Im Gegenteil, Größe ist auch zwingend auf die Unterstützung möglichst vieler angewiesen, zum Beispiel auf die Stimmen vieler oder auf den massenhaften, täglichen Kauf ihrer Produkte. Würden dann sehr viele Menschen gegen sie stimmen oder auch nur wenige Tage auf den entsprechenden Konsum verzichten, dann wäre letztendlich die Größe durch entsprechend große Gegenreaktion mitverantwortlich für das schnelle Ende.

Immer mehr Bürger verfügen heutzutage über die notwendige Technik, um sich innerhalb kürzester Zeit gegenseitig zu informieren oder Aktionen abzustimmen – sogar weltweit. Zum Beispiel waren so genannte „Flashmobs" (blitzartige, über die sozialen Medien abgesprochene Massen-Aktionen) vor kurzer Zeit noch unvorstellbar. Heutzutage sind sie ein Mittel mit einem bis dato ungekannten Wirkungsgrad. Sie sollten in der Praxis allerdings wenn möglich nicht zum Einsatz kommen müssen, da sie unkontrolliert – wenn sie zum Beispiel auf falschen Informationen beruhen – völlig aus dem Ruder laufen und am Ende äußerst kontraproduktiv und sogar gefährlich sein könnten. In diesem Zusammenhang ist also äußerste Klarheit und Besonnenheit unverzichtbar, da man sonst möglicherweise leichte Beute von Volksverführern wird, die einen in ihrem Sinn zu bewegen bzw. zu missbrauchen versuchen.

Alleine aber das Bewusstsein der Möglichkeit von solchen Aktionen sollte ausreichen, um „Mächtige" zu einsichtigem Verhalten zu bewegen. Frei nach dem Motto: *„Wer nicht bereit ist hinzuzulernen, wird am Ende durch die Folgen seiner eigenen Uneinsichtigkeit bestraft!"*

Das „Einschaltquoten-Prinzip" macht deutlich, dass die Macht jedes Einzelnen aufmerksam bewahrt werden muss. Sie ist ein kostbares Gut. Es sollte sich diesbezüglich niemand mehr einlullen lassen oder dem Gerede über die Machtlosigkeit des Einzelnen Glauben schenken. Auch Angst, Faulheit, Egoismus oder Ignoranz sollten kein Grund dafür sein, jemals auf seine machtvolle Stimme zu verzichten. Genau an diesem Punkt gilt es aufzuwachen und sich seiner Einflussmöglichkeiten bewusst zu werden.

Das entspricht übrigens auch der Grundverpflichtung eines jeden Menschen, der als wahlberechtigter Bürger in einer Demokratie lebt. Nutzt dieser seine Stimme und damit die einzigartige Chance der klugen Mitgestaltung nicht, mutiert er viel schneller als er selber zu glauben in der Lage ist, zum glühenden Sargnagel dieser großartigen kulturellen Errungenschaft der Menschheit. Die Demokratie hat es nun wirklich nicht verdient, durch Missachtung ihrer Grundlagen wieder abgeschafft zu werden. Im Gegenteil, sie braucht die Klugheit und die sichtbare Entschlossenheit eines jeden Bürgers.

Bezüglich dieser grundsätzlichen Notwendigkeit – seine Stimme bei einer Wahl abzugeben – machte der frühere US-amerikanische Präsident Barack Obama am 7.9.2018 in einer Rede an der Universität des Bundesstaats Illinois vor Studenten deutlich: *„Es gibt derzeit nur ein Hindernis für schlechte Politik und Machtmissbrauch, und das ist eure Stimme. ... Solltet ihr gedacht haben, dass Wahlen keine Rolle spielen, dann hoffe ich, dass die beiden vergangenen Jahre diesen Eindruck korrigiert haben. ... Letztendlich liegt die Bedrohung für unsere Demokratie nicht in Donald Trump oder der aktuellen Besetzung der Republikaner im Kongress. Die größte Bedrohung für unsere Demokratie ist die Gleichgültigkeit."* (*„Obama an die Demokraten: »Die größte Bedrohung für unsere Demokratie ist Gleichgültigkeit«", faz.net, 08.09.2018*)

Eines ist gewiss: Demokratie überlebt nur mit demokratischen Bürgern.

"Alles was das Böse benötigt,

um zu triumphieren,

ist das Schweigen der Mehrheit"

So Kofi Annan (1938 – 2018), langjähriger UN-Generalsekretär, auf einer Sondersitzung der UNO-Vollversammlung am 24.1.2005. *(s. „UNO-Gedenktag, Das Schweigen der Mehrheit ermöglichte Auschwitz", 24.1.2005, spiegel.de)*

♦ **Fazit:**

Grundlegende Veränderungen waren noch nie so zwingend nötig, aber auch noch nie so zwingend möglich!

Das notwendige Wissen und die notwendige Technik sind vorhanden.

Was einzig fehlt ist die Bereitschaft möglichst vieler Einzelner.

Jetzt!

In Zeiten, in denen viele mit vielen vernetzt sind, ist Machtverlust durch Machtentzug nur eine Frage von Stunden. Größe und Macht schützen nicht mehr davor, im Gegenteil, denn Größe macht unbeweglicher und anfälliger. Die Macht einer kooperierenden Gesellschaft ist immer stärker. Deshalb müssen kluge Ziele – die auf der Grundlage von Vielsichtigkeit das Eigenwohl, das Gemeinwohl und das Universalwohl angemessen berücksichtigen – glasklar benannt und damit die Richtung der notwendigen Veränderungen nachvollziehbar vorgegeben werden. Infolgedessen kann ein jeder genau dort, wo er steht, ganz gezielt seinen wichtigen, unverzichtbaren Beitrag leisten. Einzelbemühungen verpuffen nicht länger, sondern summieren sich zunehmend. Aus der Stärke und der Klugheit jedes Einzelnen werden so die Stärke und die Klugheit der ganzen Gesellschaft. Natürlicherweise vorhandene Unterschiede und vermeintliche Gegensätze blockieren sich nicht länger, sondern werden als konstruktive Ergänzungen erfahren und praxisnah integriert.

Jeder,

der behauptet,

dass Veränderungen nicht möglich sind,

weil die Probleme zu gewaltig

und die Menschen zu unklar,

der ist in Wirklichkeit selber das zentrale Problem,
quasi der Sand im Getriebe
und damit der eigentliche Grund dafür,
dass entsprechende Bemühungen häufig scheitern.
Ein jeder hat jetzt die Verantwortung,
der Wirklichkeit tabulos ins Auge zu sehen
und Ziel und Richtung nicht länger zu blockieren
oder sinnvollen Veränderungen im Weg zu stehen.
Ein jeder ist jetzt dazu aufgerufen,
genau dort, wo er steht,
beherzt sein Bestes zu geben.
Nur dann haben fast acht Milliarden Menschen
tatsächlich eine Chance
ihre einzige Lebensgrundlage zu bewahren.
Die Revolution der Besonnenen hat bereits begonnen.

Anmerkung: Laut dem Bergsteiger Reinhold Messner *(s. o.)* schafft man die letzten 800 Meter vor einem Gipfel nur, wenn man seinen Willen über jeden Schmerz und jede Erschöpfung stellt. Wille bzw. Willensstärke seien trainierbar, indem man sich immer wieder Ziele setze und alles daransetze, diese zu erreichen. Er selber benutze seinen Willen in jeder Lebenslage, immer im Hier und Jetzt, indem er stets bei der Sache bleibe und alles einsetzte, was er an Gaben habe, um seine Ideen umzusetzen.

Auch bei der „Rettung" von Erde und Menschheit wird solch eine Haltung dringend benötigt.

Tatsächlich wird die Welt tagein tagaus in unzähligen Kämpfen tausendfach gerettet, werden millionenfach wichtige Schlüssel, goldene Ringe und Kelche, Weisheitstafeln, Weltformeln, der Stein der Weisen oder der Heilige Gral selber gesucht, um irgendeiner Fantasiewelt wieder Leben einzuhauchen. Im Trailer für den Mehrspieler-Ego-Shooter, den so genannten *„Hero-Shooter Overwatch"*, heißt es so treffend: *„Die Welt kann nie genug Helden haben."*

Dafür wird stunden-, tage-, nächte-, wochen- oder sogar monatelang trainiert und gekämpft, alleine oder in lautstarker Kommunikation zur Abstimmung der Kooperation seiner zufällig zusammengewürfelten oder zeitlich zuvor abgesprochen Heldengemeinschaft bzw. Kampftruppe. Andere wiederum erschaffen ganz neue Welten nach wirtschaftlichen, sozialen und ökologischen Gesichtspunkten. Es gibt inzwischen wohl ein riesiges Heer von Welten-Erschaffer, die allesamt Experten darin sind, bei der Gestaltung ihrer Welt möglichst viel zu beachten. Wiederum andere sind Experten für soziale Rollenspiele und sehr vieles mehr.

Alle diese Spieler investieren sehr viel Zeit und sehr viel Energie und geben stets ihr Bestes, um am Ende möglichst erfolgreich zu sein und so in irgendeinem Ranking nach oben zu klettern. Das ist inzwischen sehr viel wichtiger als vieles andere um sie herum. In den virtuellen Welten können sie sich neu erfinden und nach Herzenslust austoben. Dabei kann ihr Avatar alles erreichen, was im realen Leben unmöglich zu sein scheint.

Die stets weiterentwickelten virtuellen Fantasie-Welten bieten immer perfektere Möglichkeiten zu „Horizont-Erweiterungen" bzw. zur „Realitäts-Flucht", was nicht selten deutliche Parallelen zu intensiven Drogenerlebnissen aufweist, vermutlich sogar – zumindest psychisch – mit einem ähnlichen Suchtpotenzial. Welche Drogenerlebnisse bei der Entwicklung als Vorlage dienten, bleibt das Geheimnis der Erschaffer. Für jeden außenstehenden Nicht-Spieler muten diese Erzählwelten jedenfalls häufig äußerst bizarr an. Man kann sie mitnichten ernst nehmen und muss sich vorsehen, diese Einschätzung nicht auch auf die Spieler zu übertragen.

Wie viele Familien haben ihre Kinder bereits – zumindest ein Stück weit – an diese virtuellen Welten verloren? In Wirklichkeit sehr erschreckend!

Der Film *„Ready Player One"* (2018), basierend auf dem gleichnamigen Buch von Ernest Cline (2011), bringt die Verquickung von realer und virtueller Welt auf den Punkt: *„Ich mag die Wirklichkeit nicht, aber sie ist immer noch der einzige Ort, wo es etwas Vernünftiges zu essen gibt."*, so eine wichtige Aussage, die verdeutlicht, dass „dummerweise" am Ende dann doch nur die Realität tatsächlich real ist.

In welch einem Zustand aber könnte die einzige reale Welt heutzutage sein – also das Leben der Menschheit auf der Erde –, wenn derartige Aufmerksamkeit und Fürsorge, wenn solch ein Ausmaß an „Woman- und Manpower", wenn derartiges Wissen und Können beiden zuteilwürde?

Die Menschheit lebt heutzutage mit einer Vielzahl höchstgradig engagierter Welten-Retter und Helden in ihrer Mitte, kann davon aber in keiner Weise profitieren, weil stets nur virtuelle Welten gerettet werden. Dabei geht es überhaupt nicht darum, etwas gegen perfektionierte Unterhaltung in einem angemessenen Rahmen zu sagen, aber es geht unbedingt darum, dass ein jeder einen messbaren Teil seines Einsatzes für die Rettung der realen Menschheit und der einzig wirklich lebbaren Welt investiert – und zwar dort, wo er steht, mit dem, was er kann, zusammen mit denen, die mit dabei sind. Dabei geht es um sehr viel mehr, als einfach nur mal kurz die Welt zu retten, wie dies Tim Bendzko singt.

Das folgende einfache (naturverbundene) Beispiel zeigt sehr eindrucksvoll, wozu ein einzelner Mensch durch klugen und beharrlichen Einsatz in Bezug auf die Verbesserung der Lebensqualität in seinem Umfeld in der Lage ist: Der Inder Jadav Molai Payeng lebt auf der wohl weltgrößten Flussinsel mit seiner Familie vom Verkauf von Milch. Seit langer Zeit schon reißt der Fluss Brahmaputra bei Monsun Teile dieser Insel ab und spült sie weg. Dabei bleiben in der Nähe der Insel große und unbewachsene Sandbänke zurück. Mit etwa sechzehn Jahren fing Jadav Molai Payeng aus eigenen Stücken und aus eigener Erkenntnis heraus an, auf einer dieser Sandbänke Bäume zu pflanzen – täglich einen. Etwa vierzig Jahre später ist auf einem bald doppelt so großen Gebiet wie dem Central Park in New York ein Wald voller Bäume mit zahlreichen Pflanzen und vielen verschiedenen Tierarten entstanden. Jedes Jahr kommen z. B. über einhundert frei lebende Elefanten für etwa drei Monate dorthin. Jadav Molai Payeng erhielt vom früheren indischen Präsidenten für sein Lebenswerk, das inzwischen manchmal von illegalen Jägern und sogar von Holzfällern heimgesucht wird – wie typisch für den dummen und raffgierigen Homo sapiens –, den offiziellen Titel „Forest Man of India" zusammen mit einer hohen Auszeichnung verliehen. Bis zu seinem letzten Atemzug will Jadav Molai Payeng mit dem Bepflanzen weitermachen und den nach ihm benannten Molai-Wald verteidigen. Inspiration und Kraft für sein Tun erhält er u. a. aus der Erkenntnis, dass dieser Lebensraum unbedingt seinen Einsatz braucht, und aus seinem Glauben, dass Gott, den niemand sehen könne, die Natur selber sei. Solange der Wald überlebe, überlebe auch er. („Auf unfruchtbarer Insel, Mann pflanzte 40 Jahre lang täglich einen Baum – das kam dabei heraus", 16.8.2018, travelbook.de)

Natürlich ist das nur ein Beispiel, natürlich kann jeder in jedem Bereich seinen wertvollen Einsatz leisten und muss nicht unbedingt Bäume pflanzen.

Es wäre allerdings ein Zeichen allertiefster seelischer Störung und allergrößter Sucht, wenn die Menschen nicht möglichst schnell ihre Fähigkeiten und ihre verfügbare Energie (auch) dafür einsetzten, die realen Lebensbedingungen so zu verbessern, dass sie und ihre Nachkommen auch weiterhin lebenswürdig existieren können. Denn genau das ist ihre Welt, die genau jetzt unverzichtbar der Rettung bedarf. Erst recht die reale Welt *„kann nie genug Helden haben"*. Das Aufwachen in dieser Original-Wirklichkeit ist mehr als überfällig!

Was alles muss noch dafür geschehen?

Jedes noch so kleine Dazutun – auch in der Kooperation mit anderen – ist wichtiger als alle Schlüssel, Ringe und Grale es jemals auch nur annähernd sein können. Hier geht es um ein „Ranking" das wirklich eine Bedeutung hat, denn – wie oben so treffend beschrieben – nur in der Wirklichkeit gibt es etwas Vernünftiges zu essen und das allerdings braucht man dringend zum Überleben.

Die folgenden Aufrufe versuchen zum Tun zu bewegen:

- *„Es ist besser, ein einziges Licht anzuzünden, als die Dunkelheit zu verfluchen."*
Konfuzius trifft mit dieser Aussage den entscheidenden Punkt.

- **„Arsch huh, Zäng ussenander"**
Eine Kölscher Aufruf der Gegenwart – übersetzt: *„Arsch hoch, Zähne auseinander",* so das Motto einer Kölner Kampagne gegen rechte Gewalt; in diesem Kontext war es Motto eines Konzerts am 9.11.1992 mit über 100.000 Besucher auf dem Kölner Chlodwigplatz und ist heute das Motto des Vereins Arsch Huh e.V., arschhuh.de.

- **„Männer, jetzt geht ihr raus, fresst Gras und beißt in die Pfosten!"**

So pflegte der 2015 in Köln verstorbene erfolgreichste deutsche Vereinstrainer Udo Lattek (1935-2015) seine Mannschaft vor Beginn eines entscheidenden Spiels zu motivieren.

- **„Empört Euch"**

So der Aufruf zum politischen Widerstand gegen die gegen die Unzulänglichkeiten der Gesellschaft, insbesondere gegen die Folgen des Finanzkapitalismus; Titel eines Essays im Oktober 2010 von Stéphane Hessel (1917-2013), Widerstandskämpfer, politischer Aktivist und Mitautor der Menschenrechtserklärung der Vereinten Nationen, auch das „Gewissen der westlichen Welt genannt; gleichnamiges deutsches Buch am 8.2.2011.

- **„Gemeinsam für ein gerechtes Land in einem gerechten Europa! Miteinander für eine bessere Welt! Dafür lasst uns aufstehen!"**

Motto der (linken) Sammlungsbewegung „aufstehen", die sich selber als soziale und demokratische, links-liberale Erneuerungsbewegung bezeichnet. *(4.9.2018, aufstehen.de)*

- **„Wir brauchen eine internationale progressive Bewegung"**

„Um den Aufstieg der internationalen autoritären Achse erfolgreich zu bekämpfen, brauchen wir eine internationale progressive Bewegung, die von einer gemeinsamen Vision motiviert ist. Einer Vision von geteiltem Wohlstand, Sicherheit und Würde für alle Menschen... Eine solche Bewegung muss bereit sein, kreativ und mutig eine Welt zu imaginieren, die wir gerne hätten... Unsere Aufgabe ist es, alle Menschen auf der ganzen Welt anzusprechen, die diese Werte teilen und für eine bessere Welt kämpfen. In einer Zeit explodierenden Reichtums und sich rasant entwickelnder Technologien hat die Menschheit das Potenzial, ein anständiges Leben für alle zu ermöglichen. Unsere Aufgabe ist es, auf unsere gemeinsame Menschlichkeit zu bauen und alles gegen die Kräfte zu unternehmen, die versuchen, uns zu trennen und gegeneinander aufzubringen – seien es Regierungen oder Unternehmen, die sich jeglicher Rechenschaft entzie-

hen. *Wir wissen, dass diese Kräfte über Grenzen hinweg zusammenarbeiten. Wir müssen dasselbe tun.*"

Der US-Senator Bernie Sanders in seinem Artikel „Gemeinsam über Grenzen hinweg". *(Übersetzung Carola Torti, 20.9.2018, freitag.de)*

- *„YAEOLO"*

Der Ausspruch *„YOLO"*, *„You only live once"*, *„Du lebst nur einmal"*, also *„Nutze deine Chance und genieße!"* – weltweit vor allem von jungen Menschen benutzt – ist im Grunde genommen ein Aufruf zum eigenen Spaß und zur Unvernunft.

Dieser sollte dringend durch den Aufruf zu Ernsthaftigkeit und Vernunft *„EOLO"* – *„Earth only lives once"*, *„Die Erde lebt nur einmal."*, also *„Nutze Deine Chance und bewahre sie!"* – ergänzt werden.

Genuss und Ernsthaftigkeit dürfen sich nicht länger ausschließen, sondern sollten sich künftig sinnvoll ergänzen. In diesem Sinne kann die modifizierte Version als zeitgemäßer Aufruf an alle dienen:

YAEOLO!
You and earth
only live once.
Mach was draus!
© gloint.de 2018

Die kognitive Selbsterkenntnis

„Die Selbsterkenntnis gibt dem Menschen das meiste Gute,
die Selbsttäuschung das meiste Übel."

„Wer die Welt bewegen will,
sollte erst sich selbst bewegen."

Sokrates

(zitatezumnachdenken.com)

Am Anfang jeder tief greifenden Veränderung des eigenen Denkens und Handelns muss die Selbsterkenntnis stehen: beherzt in der Durchführung, tabulos beim Inhalt, unbestechlich bei der Aufarbeitung, klar und besonnen im Ergebnis. Die eigene Person – mit ihren Bedürfnissen, Zielen und Verpflichtungen, mit ihren Stärken und Schwächen, mit ihren Erfolgen und Misserfolgen –, die eigene Wahrnehmung, das eigene Denken, die eigene Lernfähigkeit und das eigene Handeln müssen hinterfragt, beurteilt und bei Bedarf entschieden korrigiert werden. Bei diesem Prozess spielen sowohl Selbstkritik als auch konstruktive Kritik durch Dritte – zum Beispiel durch Familie und Freunde, durch Lehrer und andere – eine unverzichtbare Rolle. Ohne Kritik keine Veränderung.

Dabei sollte man sich stets vor Augen führen, dass die *„Fratze"*, die man möglicherweise im Spiegel sieht, nicht *„das Gesicht des Nachbarn"* ist *(frei nach Walter Ludin, Schweitzer Autor)* und *„nur ein Tor"* den Spiegel zertrümmert, *„wenn ihm das Spiegelbild missfällt"* *(schwedische Weisheit)*. Eine deutsche Weisheit besagt, dass *„die Selbsterkenntnis genau an dem Punkt beginnt, an dem wir für einen Misserfolg nicht andere, sondern uns selbst verantwortlich machen"*. Es gehört zur hohen Kunst der Kritikfähigkeit, konstruktive Kritik, so hart sie manchmal auch erscheinen mag, als Bereicherung und als Anstoß zur Veränderung zu begrüßen und nicht als Angriff zu erfahren, gegen den man sich entschieden zur Wehr setzen muss.

„Du musst klug sein, um deine Dummheit zu erkennen.
Darum entdeckst du sie so selten bei dir selbst."

Dr. med. Eberhard Rau (1945), deutscher Mediziner

Dies ist eine wirklich harte Aussage, aber Erkenntnisse der Psychologie legen nahe, dass die Selbstwahrnehmung sehr oft verzerrt ist, dass man sich häufig z. B. unbewusst für viel besser hält, als man es in Wirklichkeit ist. Laut dem so genannten „Dunning-Kruger-Effekt" – der besagt: *„Je inkompetenter jemand ist, desto weniger ahnt er es."* – überschätzen vor allem inkompetente Menschen ihre realen Fähigkeiten und unterschätzen gleichzeitig die Fähigkeiten von Menschen mit wirklicher Kompetenz. Diese wiederum können ihrerseits dazu neigen, ihre eigenen Kompetenzen herabzusetzen und die anderer aufzuwerten. So kann es zu der eigenartigen Begebenheit kommen, dass Menschen mit großen Fähigkeiten weniger Begabten wesentlich mehr Respekt entgegenbringen als umgekehrt. Verkehrte Welt!

Besonders aufgrund dieser Selbsttäuschungen kann gelingende Selbsterkenntnis nicht auf Rückmeldungen aus der Wirklichkeit, also auf das konstruktive Feedback anderer verzichten. In diesem Sinne ist auch das chinesische Sprichwort zu verstehen, dass man *„nur mit den Augen der anderen seine Fehler gut sehen kann"*. Am Ende bekommt man nur durch durch die Kombination verschiedener Quellen (z. B. der Eigensicht und der Fremdsicht) ein genaueres Bild von sich selber.

"Der größte Feind des Wissens ist nicht Unwissenheit,
sondern die Illusion, wissend zu sein."

Stephen Hawking
(„Zum Tod von Stephen Hawking", 14.3.2018, sueddeutsche.de)

Der Mensch hat sich selber die Bezeichnung „Homo sapiens", der vernunftbegabte, einsichtsvolle bzw. weise Mensch gegeben. Der schwedische Naturforscher Carl von Linné benutzte diese Bezeichnung erstmals 1758 im Zusammenhang mit seiner Arbeit an den „Grundlagen einer modernen Ordnung von Pflanzen und Tieren", weil er im Vergleich zu den

Tieren von der Höherwertigkeit des Menschen überzeugt war. Dies war er nicht aufgrund biologischer Unterscheidungsmerkmale, sondern einzig und allein aufgrund der von ihm behaupteten bzw. postulierten menschlichen Fähigkeit zur Selbsterkenntnis. Das geistige Potenzial des Menschen überschrieb er mit dem Motto „Erkenne Dich selbst".

Man sollte davon ausgehen, dass Linné heutzutage – etwa 250 Jahre klüger – diese Bezeichnung für den Menschen bei all dessen Wahnsinn nicht mehr benutzen würde – ebenso wenig wie seine damalige, heutzutage völlig unhaltbare hierarchische Einteilung der Menschen in vier Rassen.

Aus biologischer Sicht ist der Mensch fraglos ein Tier. Im Gegensatz zu allen anderen katalogisierten Tierarten aber verfügt er über keinerlei grundlegende Alleinstellungsmerkmale, die ihn von seinen nächsten Verwandten, also von den Menschenaffen unterscheiden. Im Gegenteil, seine genetischen Gemeinsamkeiten mit diesen betragen bis zu 98,4 %. In der Kategorisierung der Lebewesen zählt der Mensch zu den höheren Säugetieren, zu den Primaten, und zwar zu den Trockennasenaffen und ist Mitglied der Familie der Menschenaffen.

Fraglos ist der Mensch mit seinen technischen Fähigkeiten das mit großem Abstand geschickteste Tier, sozusagen ein „Homo sapiens machinator", ein „weiser Maschinenbauer". Aber er ist Lichtjahre davon entfernt, als vermeintlich einsichtiges Wesen quasi die „Krone der Schöpfung" mit dem eingebauten Recht zu sein, sich all das untertan zu machen, was ihm gerade in die Quere kommt. Der Mensch zu Beginn des 21. Jahrhunderts stellt sich viel mehr als Gipfel der Zerstörung dar, der genau jetzt im Begriff ist, dem derzeit einzig möglichen Lebensraum aller Erd-Lebewesen nachhaltigen Schaden zuzufügen. Der Mensch als Allesfresser ist das gefräßigste und gefährlichste Raubtier, das jemals auf der Erde wandelte.

Könnte der Mensch realistischerweise auch einen anderen Platz in der Evolution einnehmen?

Vermutlich ist der Homo sapiens selber genau das bisher vergeblich gesuchte „fehlende Bindeglied", das „Missing Link" sozusagen, zwischen menschenaffenähnlichen Vorfahren und reifen Menschen. Geht es um die Entwicklung realer und nicht eingebildeter Menschlichkeit, so ist genau das der dringend benötigte nächste Schritt in der Evolution, der allerdings um Lichtjahre schneller geschehen kann und muss als alles zuvor Dagewesene. Weder evolutionäre noch historische Zeitmaßstäbe dürfen dabei eine Rolle spielen. Selbst eigentlich kurzlebige politische Horizonte sind inzwischen viel zu unverbindlich weit weg.

Beispiel: Laut dem aktuellen Sonderbericht des Weltklimarats *(von Anfang Oktober 2018, Incheon, Südkorea)* habe es noch nie eine solche globale Herausforderung gegeben. Die Frage sei nicht mehr, ob wir die Erwärmung noch aufhalten können, sondern lediglich an welchem Punkt. Es bestünden hohe Risiken für Mensch und Natur. Notwendig seien *"schnelle, weitreichende und beispiellose Änderungen in allen gesellschaftlichen Bereichen"*. Die nächsten paar Jahre seien vermutlich die wichtigsten in unserer Geschichte. *(div. Artikel vom 8.10.2018 in zeit.de, sueddeutsche.de, faz.net u. a.)*

Damit endlich wirklich etwas passiert, müssen möglichst viele Menschen einen Augenblick lang innehalten, sich die absolute Brisanz des Zustands von Mensch und Erde in einer Art kollektiver Selbsterkenntnis tabulos vor Augen führen und dann auf allen Ebenen und mit allen zur Verfügung stehenden demokratisch-legitimen Mitteln die derzeitigen Entscheider zu den entsprechenden Entscheidungen jetzt in der Gegenwart kompromisslos bewegen. Wie bereits im Kapitel *„Veränderungen – nötig und möglich wie nie zuvor"* beschrieben, können derartige Aktionen sehr schnell sehr erfolgreich sein. Die Macht des Einzelnen muss zur Macht der Gemeinschaft werden.

Die kognitive Revolution ist der Beginn und der Vollzug genau solcher Entwicklungen, die genau jetzt in Angriff genommen werden können, müssen und werden. Es geht um Veränderungen im Hier und Jetzt und nicht länger um sinnentleertes Zukunfts-Gewäsch.

In tausend Jahren wird die Bezeichnung „Homo sapiens" für die unrühmlichste und dunkelste Phase in der evolutionären Entwicklung des Menschen stehen, sofern es dann überhaupt noch denkende Menschen auf der Erde gibt. Ob diese dann in Dankbarkeit auf den Beginn des 21. Jahrhunderts zurückschauen, weil genau da der entscheidende, unverzichtbare Wandel stattgefunden hat, hängt von uns und unserem Tun im Hier und Jetzt ab. Wir Menschen sind es selber, die es soweit haben kommen lassen. Jetzt muss Schluss sein mit der eingebildeten „sapiens".

♦ Im Sinne von Stephen Hawkings obigem Zitat sollten wir endgültig die Illusionen über uns Menschen ablegen und die Selbsterkenntnis zulassen, dass wir selber (Raub-)Tiere auf dem Weg zur Menschlichkeit sind. Dieser evolutionäre Schritt ist Vorbedingung für das Überleben vieler Lebewesen auf dieser Erde. Es gibt keine Alternative.

Diese Erkenntnis bedeutet das Ende aller einseitigen egoistischen Ausreden und den Beginn gezielten Handelns. Davon ist definitiv niemand ausgeschlossen. Es gibt keinerlei Recht mehr zu warten.

> *„Das größte Wissen eines Menschen ist,*
> *wenn er seinen Wahnsinn kennt. "*
> *Madeleine de Sablé Marquise de Souvré (1599 - 1678), französische Schriftstellerin*

Gelangt man als Mensch zu einer derartigen Einsicht, dann ist der unverzichtbare erste Schritt getan. Teilt man diese Sicht dann mit anderen, dann kann man sich fortan gegenseitig dazu inspirieren, sich weiterzuentwickeln und alle daraus resultierenden Schritte zu machen – jeder für sich und möglichst viele gemeinsam. Genau das ist die Bewegung, die heute gebraucht wird: kultur-, konfessions- und parteiübergreifend, beruhend auf Vielsichtigkeit und Globaler Intelligenz und nicht auf irgendeiner Parteien- bzw. Lager-Zugehörigkeit.

Es wäre am Ende mehr als versöhnlich, wenn Carl von Linné dann doch Recht behielte, dass die Selbsterkenntnis tatsächlich zum Potenzial des Menschen gehört. Dafür allerdings wird der vielsichtige Mensch gebraucht, der „Homo multividus", und nicht der unselige Besserwisser Homo sapiens.

Das gestörte Verhältnis der Menschen zur Vielfalt

Je weniger geistiges Vermögen ein Tier besitzt – wie z. B. Lernfähigkeit und Abstraktionsfähigkeit – desto mehr ist sein Verhalten das Ergebnis von genetisch vorprogrammierten, zum großen Teil automatisch ablaufenden Instinkthandlungen. Bei diesem so genannten Reiz-Reaktions-Verhalten erfolgt auf einen bestimmten Reiz von außen eine bestimmte (mehr oder weniger immer gleiche) Reaktion.

Oberflächlich gesehen könnte man derartiges Verhalten mit dem Funktionsablauf eines Getränkeautomaten vergleichen: Auf „die Reize" der angemessenen Münzeingabe und der Betätigung des Auswahlknopfs erfolgt bei funktionierendem Gerät „die Reaktion": das entsprechende Getränk fällt in den Herausnahmeschacht. Es gibt (zumindest bisher) keine flexiblen Reaktionsmöglichkeiten des Automaten – zum Beispiel die Verweigerung des Getränks mit dem Hinweis, dass man an diesem Tag bereits genug zuckerhaltige Getränke zu sich genommen hat. Dazu ist nur die Vernunft eines denkenden und flexibel handelnden Wesens in der Lage, welches auf den Auslöser Durst mit einer sinnvollen Reaktion reagieren kann.

Im Laufe der Evolution stellte die langsame Loslösung aus diesen eindeutigen Verhaltensvorgaben eine große Herausforderung für den Homo sapiens dar. Der Mensch musste zunehmend selber darüber entscheiden, wie er sich in bestimmten Situationen verhält. Das war für ihn neu und unglaublich schwer. Konfrontiert mit der unüberschaubaren Vielfalt der Wirklichkeit, mit einer Vielzahl an Reaktions- und Verhaltensmöglichkeiten, musste er fortan selber Wege finden, mit dem Zustand größer werdender Entscheidungsfreiheit angemessen umzugehen. Zu langes Grübeln über die eigene Vorgehensweise konnte nicht nur Starre, sondern in Gefahrensituationen sogar den Tod bedeuten. So entwickelten sich biologisch und kulturell verursacht unterschiedliche Vorgehensweisen im Umgang mit der Vielfalt.

Die Prägung

Zum einen trat an die Stelle genetisch vorherbestimmter, also vererbter Verhaltensweisen zunehmend das Prinzip der Prägung.

In der Persönlichkeitsentwicklung gibt es z. B. relativ kurze (frühkindliche) Zeiträume, in denen rasches, sehr wirkungsvolles Lernen mit äußerst stabilen Ergebnissen stattfinden kann: auf bestimmte Schlüsselreize erfolgt dann möglicherweise ein Leben lang immer die gleiche Reaktion. Solche dauerhaften Prägungen bilden sich jeweils nur in den entsprechenden Zeitfenstern heraus.

Aber auch ganz allgemein beeinflussen eine ganze Reihe von Erfahrungen, die man in Kindheit und Jugend in seinem konkreten Lebensumfeld macht, im weiteren Leben die Gefühle, das Denken und das Verhalten. Nicht wenige Menschen stellen z. B. mit zunehmendem Alter – lange nach ihrer Pubertät – fest, dass sie in ihrem Verhalten Stück für Stück dem Verhalten ihrer Eltern immer ähnlicher werden, etwas, was sie in ihrer Jugend für völlig ausgeschlossen hielten.

Auch die in der Entwicklung erlebten kulturellen Gegebenheiten spielen in Bezug auf das künftige Lebensverständnis eine stark prägende Rolle. Ein eindrucksvolles Beispiel hierfür sind die ganz unterschiedlichen Nahrungsvorlieben von Menschen rund um den Globus: Was den einen zum Erbrechen bringen kann (zum Beispiel Maden), schmeckt dem anderen besonders gut. Darüber entscheiden das lokale Nahrungsangebot und die kleinkindliche Gewöhnung daran. Global gesehen sollte das Wort „normal" im Zusammenhang mit Nahrungsgewohnheiten deshalb nicht benutzt werden. Was für den einen normal ist, ist für den anderen noch lange nicht normal. Das betrifft natürlich nicht nur die Nahrung, sondern auch fast alle anderen Lebensbereiche. Dabei manifestieren sich die jeweiligen Prägungen sehr konkret.

„Normal" ist also ein relativer Begriff mit individuell ganz unterschiedlichen Inhalten, möglicherweise sogar innerhalb ein und der gleichen Kultur und sogar innerhalb ein und der gleichen Familie. Die unterschiedliche Ansammlung von Prägungen in einem Menschen ist wichtiger Bestandteil seiner ureigenen Individualität.

In der Begegnung mit anderen Menschen, vor allem in der Begegnung mit Menschen aus anderen Kulturen, sollte einem dieses Prinzip stets bewusst sein. Besäße man ähnliche Prägungen wie sein Gegenüber, würde man wohl so ähnlich denken bzw. sich so ähnlich verhalten. Die Menschen vereint die Tatsache der Prägung, sie unterscheiden sich allerdings in Bezug auf die Inhalte ihrer Prägungen. Der konstruktive Austausch darüber, die gegenseitige Bewusstmachung der verschiedenen, zum Teil sogar gegensätzlichen Prägungen kann für die gemeinsame Verständigung und für den eigenen Lernprozess sehr inspirierend und äußerst hilfreich sein.

Ihrerseits sind Prägungen äußerst hartnäckig und deren Überwindung bedarf zielgerichteter Aufmerksamkeit, vor allem auch deshalb, weil man sich ihrer häufig gar nicht erst bewusst ist. Nur, wenn man sich Klarheit über seine eigenen Prägungen verschafft, ist es auf Dauer überhaupt möglich, erfolgreich an ihnen zu arbeiten und sich selber in einem Schritt-für-Schritt-Prozess an ein verändertes Verhalten zu gewöhnen. Dafür braucht man Bereitschaft und Entschiedenheit, Achtsamkeit und Einsicht, Beharrlichkeit und Praxis. Nur dann gelingt das manchmal unverzichtbare Loslassen von persönlich negativen Prägungen. Es ist jetzt an der Zeit.

• Wichtiger Hinweis zur Voreingenommenheit: Der Umgang mit anderen Menschen wird oft durch Vorurteile bestimmt. Dahinter steckt die irrige, meist nicht wirklich bewusste Einstellung, dass vorgefasste Meinungen den Lebensalltag und die Begegnungen mit anderen Menschen erleichtern könnten. Eines der subtilsten und vielleicht folgenschwersten Vorurteile, das man dabei anderen Menschen gegenüber haben kann, ist die ebenso unbewusst vorausgesetzte Annahme, dass sich das Gegenüber in einem ähnlichen Erfahrungs- und Wertehorizont bewegt, also Ähnliches als gut bzw. als nicht gut empfindet, wie man selber. Dem ist aber oft nicht so, da die individuellen Prägungen ganz einfach völlig andere sind. Es ist also ein klarer Fehler, die eigenen Wertmaßstäbe auf andere zu übertragen. An diesem Punkt wird deutlich, wie unverzichtbar Empathie und Kenntnis bei der Begegnung mit anderen Menschen sind.

„Die Traditionsblindheit"

Zur Prägung als wichtiges Phänomen bei der Verhaltenssteuerung des Homo sapiens kommt die so genannte Traditionsblindheit hinzu. Sie beeinflusst den Menschen (zumindest unhinterfragt) ebenso bis ins hohe Alter hinein. Menschen neigen dazu – nicht selten sogar weitgehend unreflektiert – sich den jeweiligen Traditionen ihres konkreten Lebensumfelds zu unterwerfen. So gibt es ganz konkrete Handlungs- und Denkweisen, die nicht nur von der jeweiligen Gesellschaft vorgelebt, sondern von jedem Einzelnen mit Nachdruck eingefordert werden. Dabei spielt es in der Regel kaum eine Rolle, ob diese Traditionen bei den heutigen, völlig veränderten Gesellschaftsbedingungen überhaupt noch angemessen sind. Jedwede Form von Kritik an den überlieferten Bräuchen gilt oft immer noch als Tabubruch, quasi als In-Frage-stellen des Vermächtnisses der Altvorderen und wird häufig vehement bekämpft. Die blindwütige Besessenheit, auf die man in diesem Zusammenhang trifft, ist in vielen Fällen unfassbar stark. Dabei dürfen die Menschen nicht länger an unsinnigen bzw. schädlichen Traditionen festhalten, wenn diese ernsthaften und notwendigen Veränderungen im Weg stehen. Genau jetzt ist es an der Zeit, dass jedwede Tradition tabulos klar und respektvoll besonnen auf den Prüfstand einer vielsichtigen Bewertung gehört. Auch das Loslassen von inzwischen nicht mehr förderlichen Traditionen bedarf der gleichen beherzten Eigenschaften wie beim Überwinden unerwünschter Prägungen (s. o.). Das Richtige von gestern, kann heute schon nicht mehr stimmen und morgen gänzlich falsch sein. Der Mensch vermag bis zu seinem letzten Atemzug hinzuzulernen. Dann sollte er diese grandiose Fähigkeit auch nutzen. Wer aufhört zu lernen, der ist geistig bereits tot! Von ihm ist nichts Intelligentes mehr zu erwarten! Das ist menschlicher Wahnsinn, der überwunden werden muss! Die Menschen müssen ihre Traditionsblindheit endgültig hinter sich lassen.

Einseitige Weltsichten

Der Homo sapiens hat in seiner evolutionären Entwicklung
seine ursprünglich tiefe Sehnsucht nach Eindeutigkeit,
also nach unmissverständlicher, fassbarer Wahrheit,
beantwortet mit innerem Zwang zur Einseitigkeit,
den Blick auf nur eine Seite der Wirklichkeit,
denn die erscheint frei von Widersprüchen,
täuscht aber die Eindeutigkeit nur vor,
denn mit der ganzen Wirklichkeit
hat sie nur unzureichend zu tun.
Der Mensch hat sich verrannt
und zwar ganz eindeutig!

Als die Menschen zu denken begannen, fanden sie sich wieder in einer Welt voller Unterschiede und Gegensätze. In ihrem Herzen aber sehnten sie sich nach Eindeutigkeit und nach Klarheit.

Was war richtig und was war falsch, was war gut und was war schlecht?

Die Menschen suchten nach Orientierung in dem Wirrwarr der Wirklichkeit. Sie hatten nicht gelernt, mit der Vielfalt sinnvoll umzugehen und wandten sich infolgedessen recht einfältigen Sichtweisen vom Leben in der Welt zu. Durch diese erhielten sie eindeutige Vorgaben, wie das Leben abzulaufen hatte.

Zu Beginn des 21. Jahrhunderts ist das Dilemma für viele – wenn man genau hinschaut – nicht sehr viel anders. In den Zeiten fortgeschrittener

Globalisierung und explosionsartig zunehmender Informationen, im gefühlten Zustand der Hilflosigkeit inmitten einer unüberschaubar anmutenden Komplexität werden es immer mehr, die sich nach Orientierung und nach starker Führung sehnen. Auch, wenn die mitgelieferten einseitigen Welterklärungen in Wahrheit immer nur kleine Ausschnitte der Wirklichkeit umfassen und auf Dauer zu massiven Problemen im Alltag führen, wird sich ihnen fast willenlos untergeordnet, weil dadurch der quälende Zweifel der Uneindeutigkeit genommen wird.

Das erklärt auch, warum im Grunde genommen fast die Welt untergehen muss, bevor solche Menschen überhaupt erst wieder dazu bereit sind, das, was sie da glauben und tun, zu hinterfragen und anzuzweifeln. Dafür muss schon sehr viel Schindluder mit ihrer Stimme bzw. quasi in ihrem Auftrag getrieben werden. Denn genau von ihren Zweifeln haben sie sich doch zuvor befreit. Denn genau so ist die Welt für sie überschaubar geworden und fortan in gut und schlecht, in vorteilhaft und nachteilhaft, in richtig und falsch einteilbar. Es gibt keinerlei Entscheidungsnot mehr. Man kennt auf diese Weise das angeblich Richtige – ohne lange nachdenken zu müssen – und blendet das angeblich Falsche fortan aus oder bekämpft es sogar entschieden. Auf diese Weise umgeht man geschickt die Problematik, mit der Widersprüchlichkeit angemessen umgehen zu müssen. Die Lebenswirklichkeit dieser Menschen erhält dadurch ihre Eindeutigkeit zurück. Die frühere Instinktsicherheit wird durch menschgemachte Einseitigkeit ersetzt – bis heute.

Exkurs: „*Wollt ihr den totalen Krieg?*"

Im Zusammenhang mit der Wahrnehmung ist evolutionsgeschichtlich gesehen das sogenannte „Emotionale System" *(reaktives Agieren aufgrund psychischer Erregtheit)* im Vergleich zum „Kognitiven System" *(Erkenntnis durch Wahrnehmen und Denken)* das viel ältere System, bei dem die Informationsverarbeitung wesentlich schneller und damit gefühlt viel unkomplizierter erfolgt als bei dem kognitiven System. Das emotionale System verantwortet spontane, nicht bis zu Ende durchdachte Gefühlsentscheidungen und Handlungen. Volksverführer versuchen Menschen vor allem deshalb gefühlsmäßig anzusprechen, weil es auf diesem Weg für sie viel einfacher ist, sie direkt zu erreichen und zu gefühlsgesteuerten, undurchdachten Handlungen zu verführen. Die meist eindimensionalen Inhalte würden einem ernsthaften Diskurs sowieso nicht standhalten können. So werden z. B. Angst und Wut erzeugt. Denn wütende, eindimensional denkende und ebenso agierende Menschen sind zu vielem bereit und lassen sich fast auf Kommando lenken, was die beiden folgenden Beispiele verdeutlichen.

Nicht selten empfinden die Volksverführer tatsächlich tiefe Verachtung für die Menschen, die sie selber zum Jubeln bringen und in die kritiklose Besessenheit treiben – vor allem aufgrund deren beispiellosen Unterwürfigkeit und Willenlosigkeit.

Joseph Goebbels (1897-1945), ein enger Vertrauter Adolf Hitlers und einflussreicher Politiker der Nazi-Zeit (u. a. Reichspropagandaleiter) soll am 18.2.1943 nach seiner bekannten Rede im Berliner Sportpalast vor ca. 15.000 Menschen – bei der der Saal nach seiner Frage: *„Wollt ihr den totalen Krieg?"* vor zustimmender Begeisterung tobte – zu seinen Begleitern gesagt haben: *„Diese Stunden der Idiotie! Wenn ich den Leuten gesagt hätte, springt aus dem dritten Stock des Columbushauses, sie hätten es auch getan."* (*»so überlieferte es 1948 der Goebbels-Biograph Curt Riess, der mit Zeitzeugen gesprochen hatte.« – nach: „Sportpalast-Rede – Wie Goebbels sein Publikum aufpeitschte - und verachtete", Norbert F. Pötzl, 18.2.2018, spiegel.de*)

Auch heute kennt man Aussagen ähnlichen Gehalts: Donald Trump sagte am 24. Januar 2016 in einer Wahlkampfrede im Sioux Center in Iowa (USA): *„Die Leute, meine Leute [meine Unterstützer] sind so klug. Das sagen auch die Umfragen. Sie zeigen, dass ich die loyalsten Anhänger habe. Wussten Sie das schon? Ich könnte quasi mitten auf der 5th Avenue stehen und jemanden erschießen, und würde trotzdem keine Wähler verlieren. Okay?! Das ist unglaublich!"* Später fügte er über Twitter hinzu: *„Ich habe das Sioux Center gerade verlassen, wo meine Rede gut aufgenommen wurde. Wirklich tolle Menschen!"* (*„Kontroverse Aussagen – Trump wettert: »Ich könnte jemanden erschießen und würde trotzdem keine Wähler verlieren«, 24.1.2016, focus.de*)

Man weiß inzwischen, dass Donald Trump nicht selten Attribute – wie z. B. „klug" oder „toll" benutzt, auch wenn er in Wirklichkeit etwas ganz anderes meint.

Zuweilen kommt es einem vor, als wenn sich Menschen, die solchen „Heilsversprechern" hinterherlaufen, sich unbewusst am liebsten zurück in den Schoß der eindeutigen Natur wünschen und damit zurück zu genetisch vorbestimmten Instinkthandlungen, anstatt ihre kostbare, neu gewonnene denkerische Freiheit mithilfe ihres Verstandes zu nutzen.

Wie sonst kann man sich Schutz unter der Knute eines plärrenden Anführers suchen, sogar wenn dieser eine charakterlich entgleiste, völlig verlogene „Trumpete" ist?

Mit freudvoller Polit-Rebellion hat das nun gar nichts zu tun. Es ist ein Menschheits-Desaster mit möglicherweise extremen Folgen – vor allem auch für viele spätere Generationen noch. Ein derartiges Risiko darf künftig niemals wieder eingegangen werden.

Welcher Depp will denn schon freiwillig „den totalen Krieg" oder heutzutage den ungebremsten Klimawandel?

Ein wichtiger Bestandteil der kognitiven Revolution ist deshalb, dass Menschen sich schon möglichst früh in ihrem Leben bewusst werden, wie einfach und wie schnell Manipulation möglich ist, wie simpel Volksverführung funktioniert, solange Menschen offen für einseitige Weltsichten sind und die Nutzung ihres eigenen gesunden Menschenverstands hartnäckig verweigern, indem sie diesen quasi an der Garderobe der Populisten abgeben. Genau das ist nämlich der folgenschwere erste Schritt, durch den man sich fortan zum Sklaven eines geschlossenen logischen Systems macht, wodurch man plötzlich zu vielem „Ja und Amen" sagt. Da wieder rauszukommen ist äußerst schwer.

Die Zementierung der Einseitigkeit

Das Faible des Homo sapiens für einseitige Weltsichten wurde vor etwa 2.350 Jahren vom griechischen Philosophen Aristoteles (384 v. Chr. – 322 v. Chr.) quasi in Stein gemeißelt. Seine wesentlichen Aussagen zu den Grundsätzen logischen Denkens sind noch heute absolut verbindlich für die vorherrschende Logik und für die meisten Wissenschaften. Das „Entweder-oder-Denken" als verbindliche Logik war geboren. Wenn jemand heute gegen diese Grundsätze verstößt, disqualifiziert er sich nach der gängigen Lehrmeinung zwangsläufig und gilt fortan als unwissenschaftlich, was das sichere Ende seiner Karriere bedeutet. Dabei interessiert es offensichtlich nicht, dass die heutigen Kenntnisse der Menschheit wesentlich komplexer sind als in den vorchristlichen Jahrhunderten, in denen Aristoteles lebte.

Die Quantenphysik zum Beispiel, die sich mit der Welt der kleinsten Teilchen beschäftigt, ist bereits Anfang des letzten Jahrhunderts auf Erkenntnisse gestoßen, die einen der wichtigsten aristotelischen Grundsätze klar widerlegt haben, nämlich den Satz des ausgeschlossenen Dritten:

Entweder A=B oder A≠B. Eine dritte Möglichkeit gibt es nicht.

In der Quantenphysik dagegen kann ein und der gleiche Gegenstand über gegensätzliche Aspekte verfügen. Im Lebensalltag etwa nicht?

Das ist ungefähr so, als würde beispielsweise jemand behaupten: **Entweder** das Messer ist eine Waffe **oder** das Messer ist keine Waffe. **Eine andere Möglichkeit gibt es nicht.** Also beides zusammen ist nicht möglich. Der aristotelische Grundsatz des ausgeschlossenen Dritten unterbindet abrupt und ganz entschieden die eigentlich sofort folgende und völlig selbstverständliche Entgegnung: *„Das kommt darauf an ... ".*

Dieses *„Das kommt darauf an ... "* ist die Einladung zur ganz natürlichen Vielsichtigkeit, zur genauen Analyse der konkreten Situation, die zum Beispiel auch zum Ergebnis des „Sowohl-als-auch" gelangen kann: *„Eigentlich ist dieses Messer als Küchenmesser ja eindeutig ein Gebrauchsgegenstand und keine Waffe. Aber in der Hand des wütenden Kochs wurde es zur Mordwaffe"* (o. s. ä.).

Einerseits sind die Gesetzmäßigkeiten der Quantenwelt diejenigen, die das Funktionieren der Welt im Innersten bestimmen, also absolut elementar. Andererseits hat man diese Erkenntnisse aus der „Mikro-Welt" bisher aus der übrigen Welt komplett herausgehalten, da die aristotelisch geprägte Vernunft damit nun gar nicht klarkommt. Sogar Albert Einstein hatte lange Zeit Probleme mit der Quantentheorie. Heutzutage gilt die Quantenphysik als eine der am besten überprüften Lehraussagen der modernen Wissenschaft. Auch deshalb ist es schon lange an der Zeit, dass diese fundamentalen Erkenntnisse auch auf andere Lebensbereiche übertragen werden und gesamtgesellschaftliche Berücksichtigung erhalten – selbst dann, wenn infolgedessen Aristoteles mit seiner strikten Einteilung in eine Entweder-oder-Welt endgültig ins Museum kommt und seine Anhänger umdenken müssen. Zwangsläufig drängt sich an diesem Punkt die Frage nach der Seriosität der heutigen Wissenschaften auf.

Selbst das Argument, dass die Menschen mit dieser immer noch vorherrschenden, allerdings völlig antiquierten Logik ihre gewaltigen technischen Erfolge erzielten und mit Aristoteles im Gepäck zum Mond fliegen konnten, darf nicht mehr greifen, da die Menschen mit ihrer praktizierten Einseitigkeit eben auch all den unsäglichen Wahnsinn hervorgebracht haben und weiterhin hervorbringen. Die aristotelische Entweder-oder-Brille hat einen sinnvollen, konstruktiven Umgang mit der Vielfalt bis heute äußerst wirkungsvoll verhindert. Natürlich gibt es Zusammenhänge bzw. Situationen, in denen der aristotelische Entweder-oder-Ansatz sogar hilfreich sein kann, aber es gibt auch sehr viele andere Bereiche, in denen eine derart beschränkte Weltsicht völlig kontraproduktiv ist. Vielsichtigkeit und Globale Intelligenz gehen über ein primitives Entweder-oder-Denken weit hinaus. Sie ermöglichen die Akzeptanz von vermeintlichen Gegensätzen in nur einem einzigen Objekt und verlangen eine genaue Analyse der jeweiligen Situation, um zu angemessenen Ergebnissen zu gelangen, die ihrerseits dann zu angemessenen Handeln führen.

Für die mögliche Verbindung bzw. Ergänzung scheinbar widersprüchlicher Aspekte in ein und demselben Gegenstand gibt es die Begriffe „komplementär" bzw. Komplementarität, die vom Brockhaus Lexikon folgendermaßen erklärt werden: *„Komplementarität, die; Logik: das Verhältnis zweier sich gegenseitig ausschließender, aber sich ergänzender Begriffe (z. B. männlich/weiblich)."* (© *Bibliographisches Institut & F. A. Brockhaus AG, Mannheim, 2006)*

Aspekte, die sich nach der vorherrschenden aristotelischen Entweder-oder-Logik angeblich ausschließen bzw. widersprechen, können demnach also Aspekte eines einzigen Ganzen sein.

Ein und das gleiche Messer kann also je nach Situation eine Waffe, wenn man es zum Morden, und auch keine Waffe sein, wenn man es als unverzichtbares Hilfsmittel bei der Nahrungsmittelherstellung benutzt.

Was ist zum Beispiel, wenn ein Angler einem zuvor geangelten Fisch mit seinem Fischmessers den tödlichen Schlag auf den Kopf gibt und dann den Fisch mit selbigen Messer zur Nahrungsvorbereitung ausnimmt. Ist das Messer Waffe, Werkzeug oder beides?

Wird ein Sowohl-als-auch von vorneherein nicht ausgeschlossen, dann ist die wesentlich exaktere Frage die nach der konkreten Situation, in der das Messer wozu benutzt wird. Die Frage dagegen, ob das Messer eine Waffe ist oder nicht, ist vergleichsweise primitiv und einfältig, weit entfernt von jedweder Eindeutigkeit bzw. Genauigkeit.

In einer Erklärung der Technischen Universität Kaiserslautern zu dieser Thematik heißt es: *„In der klassischen Physik wird streng zwischen Teilchen und Wellenphänomenen unterschieden. Ein zentraler Punkt der*

Quantenphysik ist nun, dass diese Trennung im Mikrokosmos unzulässig ist. Teilchen verhalten sich wie Wellen und Wellen wie Teilchen. Es hängt von dem betrachteten Problem ab, ob eine Beschreibung als Teilchen oder als Welle geeigneter ist. Man bezeichnet dies als Welle-Teilchen-Dualismus." (Welle-Teilchen-Dualismus, Allgemeine Beschreibung, Technische Universität Kaiserslautern, www.physik.uni-kl.de/en/fp/fp1-experimente/fp1-wellet/)

Heute weiß man zum Beispiel auch, dass etwas **sowohl** Materie **als auch** Energie sein kann, dass im Grunde alles in der Welt über mehr als nur einen Aspekt verfügt. Würde man zum Beispiel 1 kg Materie komplett in Energie umwandeln (E=m·c²), dann erhielte man mit etwa 90 PJ ungefähr die Jahresleistung von rund drei mittelgroßen Atomkraftwerken (mit 1.000 Megawatt). Welch ein Unterschied!

Hat der gesunde Menschenverstand nicht schon immer vermutet, dass ein plumpes Entweder-oder im Lebensalltag einen nicht wirklich weiterbringt und dass man mit einem gepflegten Sowohl-als-auch der Wirklichkeit sehr viel näher kommt?

Die starren Vorgaben des aristotelischen Denkens und seine in der Gegenwart lebende Fangemeinde aller praktizierenden Logiker und Wissenschaftler haben genau das aber bis heute stets in Abrede gestellt. Diese wirklichkeitsfremde Brille muss endlich runter, und zwar für immer!

Wer verhilft der „Denker-Elite" zu diesem unverzichtbaren Schritt?

Ihre Karriere ist damit alles andere als beendet. Am Ende werden sie sogar für Ihren Mut zur „schnellen" Einsicht ausgezeichnet.

Geschlossene Logische Systeme

Das Axiom

Grundprinzip, Prämisse, Paradigma, Grundaxiom:

Die Grundannahme ist meist ein Glaubenssatz,

ein als wahr erachteter Grundsatz,

der unbewiesen ist und unbewiesen bleibt,

der als Ausgangspunkt auf jedwedes Abgeleitete

dennoch den alles entscheidenden Einfluss hat.

Einseitigkeit in diesem Kontext
kann verheerend sein.

Einseitige Grundannahmen
sind unvollständige Fundamente
und damit begrenzte Ausgangspunkte
mit einer beschränkten Zahl an Faktoren.
Logisch darauf aufbauende Schlussfolgerungen
führen zu einem begrenzten, in sich geschlossenen System.
Gedanklich bewegt man sich dort wie ein Hamster im Laufrad,
gefangen inmitten der Einseitigkeit mit der Illusion von Freiheit

Eine komplexe Grundannahme
ist ein vielschichtiges Fundament,
ein uneingeschränkter Ausgangspunkt
mit einer großen Zahl vielfältiger Faktoren.
Darauf aufbauende logische Schlussfolgerungen
führen zu einem nach allen Seiten offenen System.
Gedanklich bleibt man frei, umfassend und realitätsnah,
inmitten der komplexen Wirklichkeit kreativ und konstruktiv.

Als wenn das Unheil, das durch einseitige Weltsichten auf Dauer ange-
richtet wird, nicht schon groß genug wäre, werden die negativen Auswirkungen durch so genannte geschlossene logische Systeme, die auf einseitigen Grundannahmen basieren, noch um ein Vielfaches potenziert.

Der Wahnsinn des Homo sapiens, der Terror sapiens, erklärt sich also
nicht nur durch einseitige Standpunkte allein, sondern entstammt häufig
kompletten Denksystemen, die auf einseitigen Grundlagen fußen, von
denen alles andere Schritt für Schritt völlig logisch abgeleitet wird. Ist
aber die Grundlage falsch, dann ist es das darauf basierende System ebenfalls und kann schlimmstenfalls zu katastrophalen Konsequenzen führen.

Axiome sind gedankliche Ausgangspunkte, also getroffene Voraussetzungen, auf denen sich ein logisches Gedankengebäude aufbaut. Im Allgemeinen gelten Axiome als richtig, weil sie unmittelbar einleuchten. Bewiesen werden können sie interessanterweise auch mit Hilfe ihrer eigenen Logik nicht. Seit Aristoteles ist man deshalb dazu bereit, auf derartige Beweise zu verzichten, weil Axiome auch so als überzeugend genug gelten. Auf der einen Seite werden diese Grundprinzipien also aufgrund von Überzeugungen formuliert, auf der anderen Seite aber spielen sie für das jeweilige logische Gedankengebäude, das sich komplett auf sie stützt, eine zentrale Rolle. Alles leitet sich nämlich von ihnen ab.

Die Mathematik ist ein sehr gutes Beispiel für solch ein geschlossenes logisches System. Die Grundlagen der heutigen Mathematik sind mehrere Axiome. Alles Weitere wird von diesen nach den strengen Regeln der Logik abgeleitet. Auch in der Mathematik müssen die Axiome also weder bewiesen, noch aus dem darauf aufbauenden System abgeleitet werden. Auch hier setzt man deren Gültigkeit aufgrund ihrer Einsichtigkeit als gegeben voraus. Allerdings dürfen sie laut geltendem Regelwerk keine Widersprüche verursachen. Solange man sich dann innerhalb dieses Systems nach den eindeutigen Spielregeln der Logik bewegt, ist man ein guter Mathematiker.

In Bezug auf die Mathematik sollte nicht unerwähnt bleiben, dass diese für die meisten Wissenschaften das wichtigste Hilfsmittel beim Vermessen der vielfältigen Wirklichkeit und bei Berechnungen und Formeln aller Art sind, obwohl die Mathematik ein geschlossenes, also nicht nach allen Seiten offenes System ist und Widersprüche meidet, wie der Teufel das Weihwasser. Einerseits erfährt die Mathematik auf diese Weise ihre unverzichtbare Bedeutung, obwohl sie auf der anderen Seite in ihrer heutigen Konfiguration ihrer Aufgabe nicht wirklich gerecht werden kann, da ihre stringent logische Wirklichkeitsbeschreibung die Vielfalt und Gegensätzlichkeit auch nicht nur annähernd erfassen und abzubilden vermag. Es ist eben nicht alles Mathematik, wie manch ein übereifriger Wissenschaftler es zu formulieren pflegt. Zum Glück hat die Wirklichkeit weit mehr zu bieten.

Man könnte das geschlossene logische System der Mathematik auch mit einem Spiel vergleichen: Es gibt eine Grundidee mit begleitendem Regelwerk, in dessen gesteckten Rahmen dann gespielt wird. Genau genommen ist die Mathematik nichts anderes als solch ein Spiel der Logik, ebenfalls mit Grundidee und Regelwerk.

Daraus folgt ein wichtiger Merksatz für all die von der Mathematik geknechteten Schüler: *„Die Mathematik ist das große Spiel der Logik."* Im Gegensatz zu diesem künstlichen Konstrukt hat der festgeklebte Kaugummi unter der Tischplatte tatsächlich einen Anspruch darauf, Teil der Wirklichkeit zu sein. Auf die Sinnfrage sollte man also tunlichst verzichten. Das Wie und das Warum aber ergeben sich durch das Erlernen des Regelwerks, was bei jedem Spiel Voraussetzung ist. Beherrscht man die Regeln, ist die Mathematik *„ein echt krasses Spiel, Alter"*, denn alles ist logisch und eindeutig.

Jedes noch so gigantische und noch so perfekte logische Axiomensystem fußt – ähnlich wie ein Artist bei einem Drahtseilakt – auf nur äußerst wenigen Berührungspunkten, nämlich auf besagten Axiomen.

♦ Was aber ist dann mit all den von diesen Axiomen logisch abgeleiteten Schlussfolgerungen, wenn sich die Prämissen trotz anfänglicher Einsichtigkeit am Ende wider Erwarten als unzureichend, fehlerhaft oder gar als vollständig falsch erweisen, was bei der grundsätzlichen Unbewiesenheit der Axiome ja durchaus im Bereich des Möglichen liegt bzw. was angesichts des raschen Erkenntniszuwachses heutzutage sogar wahrscheinlich ist?

Wundern sollte sich jedenfalls niemand über eine derartige Entwicklung und deshalb dann auch zu den notwendigen Konsequenzen bereit sein!

Auch wenn das nur die Wenigsten wahrhaben wollen: Dann sind alle getroffenen Schlussfolgerungen genauso fehlerhaft wie ihre unzureichende Basis. Sie müssen gleichermaßen wie diese neu hinterfragt und notfalls komplett korrigiert werden. Darin besteht bei einem seriösen Umgang mit solchen Denksystemen sowohl die Verpflichtung als aber auch die große Chance. Nur so werden Veränderungen möglich. Diese Erkenntnis spielt eine zentrale Rolle, wenn es künftig um Lösungsmöglichkeiten für die Probleme in der Welt geht.

Ein leicht zu verstehendes, eindrucksvolles Beispiel für diese Zusammenhänge – da es um Leben, um Tod und um die angeblich höchste Wahrheit geht – ist das einer imaginären Sekte. Das Wort Sekte bedeutet von seinem lateinischen Ursprung her „befolgter Grundsatz". Wenn dieser Grundsatz (= Axiom) besagt, dass allein der angebetete Gott der einzig wahre Gott im Universum ist, dann sind all die anderen Götter auf der Welt überhaupt keine Götter. Theologisch gesehen sind sie sogar der Teufel in Person, denn nur der Teufel behauptet von sich selber, Gott zu sein. Demnach sind alle Anhänger anderer Religionen in Wirklichkeit Ungläubige, um nicht zu sagen Teufelsanbeter.

Wer die (vermeintliche) Wahrheit kennt, der ist natürlich felsenfest davon überzeugt, auch die (angebliche) Unwahrheit zu kennen. Selbst für einen religiös ungebildeten Menschen ist dies sehr leicht nachzuvollziehen, denn einfältige Welt- bzw. Gotteserklärungen geben klare Orientierungspunkte vor.

In jeder Religion gibt es Menschen, die möglichst intensiv ihrem Gott dienen wollen. Dafür gibt es viele verschiedene Formen: von verschiedenen Gemeindediensten als Laie, über das Priestertum, das Mönchstum bis hin zum Märtyrertum. Im Verständnis gläubiger Menschen ist es das „Nonplusultra", sein Leben als Märtyrer im Kampf für seinen Gott hinzugeben. Das ist der höchstmögliche „Gottesdienst", der in der Regel höchstmögliche Belohnung im Leben nach dem Tod erfährt.

Von der Grundannahme, dass nur der eigene Gott, der einzig wahre ist, lässt sich – zumindest von den „Einhundertfünfzigprozentigen" – über wenige Zwischenschritte vollkommen logisch ableiten, dass der Märtyrertod im Kampf gegen die Bedrohung durch des Teufels Brut das höchste im Leben ist. Der Zweifel eines Selbstmordattentäters vor seiner schrecklichen Tat, ist der Zweifel an seiner eigenen Glaubensstärke und in der Regel kein Zweifel an der Richtigkeit bzw. Legitimität seines Tuns. Denn es besteht für ihn überhaupt keine Frage: Für einen Gläubigen gibt es nichts Größeres. Genau das ist die Überzeugung eines durch ein einseitiges geschlossenes logisches Denksystem zur Perversion Verführten.

Geschlossene logische Systeme haben die Macht, alle Regeln menschlich anständigen Verhaltens außer Kraft zu setzen, denn z. B. der gewählte Weg des Terrors ist im einseitigen Denksystem vollkommen logisch. Man fühlt sich komplett im Recht. Die eigentlich sogar gute Absicht eines Menschen zum höchsten Gottesdienst wird allerdings ins grausame Gegenteil verkehrt: vom absolut Positiven in die schrecklichste Perversion.

Menschen, die sich geschlossenen logischen Systemen untergeordnet haben, unabhängig von deren Güte und deren Inhalten, vereint häufig ihre selbstgefällige Ausstrahlung unerreichbarer Überlegenheit. Das sinnentleerte, abgerückte Lächeln ist Markenzeichen solcher Menschen: vom eingebildeten Politiker bis hin zum schrecklichsten Massenmörder.

Der Kulturtheoretiker Klaus Theweleit (geb. 1942) beschäftigt sich in seinem Buch „*Das Lachen der Täter*" u. a. mit diesem Phänomen in seinen schrecklichsten Ausprägungen: „*Dem Mord als Feier begegnen wir in der Geschichte immer wieder, von den deutschen Freikorps-Männern 1920 über die SS, die Kommunistenkiller in Indonesien, die Roten Khmer in Kambodscha, die Todesschwadronen in Guatemala, die Kindersoldaten in Zentralafrika, die Hutu-Milizen in Ruanda bis zu den IS-Leuten im Irak und zu Boko Haram in Nigeria. Die Augenzeugen berichten vom Lachen der Täter, vom Töten als Spaßfaktor. Aber die Kommentatoren gehen darüber hinweg, offenbar weil diese Ungeheuerlichkeit sie überfordert.*"
(„*Der Triumph der Killer*", Spiegelgespräch: Romain Leick im Gespräch mit Klaus Theweleit, Der Spiegel 20/2015, 9.5.2005, S. 135 ff;)

In der Gegenwart und in der Geschichte der Menschheit gibt es sehr viele sehr erschreckende Beispiele für das „reibungslose" Funktionieren geschlossener logischer Systeme – bis hin zum als legitim empfundenen Blutrausch. Kein Krieg, keine Diktatur, kein Terrorregime kommt ohne dieses Prinzip aus.

Eine tiefer gehende Beschreibung dieses Phänomens findet sich in den Bänden „*Terror sapiens II – Terror ist logisch*" und in „*Das Ende des Wahnsinns – Globale Intelligenz statt Terror sapiens*" (Walter Krahe).

Das heimtückische an geschlossenen logischen Systemen ist, dass jedwede noch so schlüssigen Gegenargumente von außen wirkungslos verpuffen. Man hat als Außenstehender überhaupt keine Chance, solange sich jemand der inneren Logik eines solchen Systems verschrieben hat und davon loszulassen nicht bereit ist. Allenfalls das selbstgefällige Lächeln und das mantramäßige, völlig uneinsichtige Wiederholen immer gleicher Worthülsen nehmen an Unerträglichkeit zu.

Einzig das tabulose Hinterfragen des Grundaxioms und die Einsicht bezüglich dessen Fehlerhaftigkeit könnten – wenn überhaupt – zu einem Umdenken, besser gesagt, zum Ausstieg aus dem geschlossenen Denksystem führen. Dafür aber müssten „Außensicht" und „innere Öffnung" zusammenkommen. Ohne verständnisvolle Hilfestellung durch Außenste-

hende im geeigneten Augenblick ist solch ein Schritt nahezu unvorstellbar. Sei denn, der eigene Leidensdruck ist zuvor ins Unermessliche gestiegen.

Erst wenn z. B. das Sektenmitglied erkennt, dass sein Gott nicht der einzig
wahre Gott für alle Menschen, sondern jeweils nur für einen selber ist und
dass es daneben viele Wege zu höchsten Wahrheit gibt, erst dann macht
die Einteilung der Menschen in Gläubige und Ungläubige keinen Sinn
mehr und der Kampf angeblich im Namen seines Gottes erst Recht nicht.
Erst dann können Menschen respektvoll und friedvoll miteinander leben.

♦ Geschlossene logische Systeme können zum Fluch der Menschen werden. Der Versuch, innerhalb solch eines Systems irgendetwas zu verändern kann immer nur Stückwerk sein und ist zum Scheitern verurteilt. Es
gibt nur den einen Weg: Man muss solch ein System komplett verlassen,
wenn es in seiner Wurzel schlecht ist. Das Ausbessern einzelner Aspekte
ist nur die reinste Zeit- und Energieverschwendung und ist nichts weiter
als die Ablenkung von dem Schritt, der wirklich anliegt.

Und das betrifft absolut jeden Lebensbereich. Sogar so große bzw. ein-
flussreiche Inhalte wie z. B. die derzeit dem wissenschaftlichen Denken
zugrunde liegende Logik und wie auch das weltweite Wirtschaftssystem
sind davon betroffen.

♦ Man darf nicht aus Angst vor den weitreichenden Konsequenzen seinen
Mut zur notwendigen Erkenntnis und zum beherzten Handeln verlieren.

Der heutige Zustand der Menschheit und der Welt erfordert auf allen Ebenen dringend möglichst viele kluge Menschen, die sich nicht länger vor
der Wirklichkeit „wegducken". Es ist jetzt an der Zeit, die Struktur und
die Gefährlichkeit geschlossener logischer Systeme zu durchschauen und
die heutige Gültigkeit zugrundeliegender Voraussetzungen im Sinne von
Vielsichtigkeit zu überprüfen. Diese Bereitschaft muss heutzutage jeder
Mensch aufbringen, wenn ihm an Veränderungen tatsächlich ernsthaft
gelegen ist. Dafür braucht es gesunden Menschenverstand, Anstand, Mut
und Zivilcorage und womöglich den Zuspruch durch andere. Kümmert
man sich allerdings nicht darum, dann kann es sehr schnell passieren, dass
man jeglichen Kontakt zur Wirklichkeit verliert und dass man das als

vielleicht dauergrinsender Mensch (lächeln ist was völlig anderes) selber gar nicht mehr mitbekommt, da alles um einen herum ja so schön logisch und glatt erscheint.

♦ **Als Notfallkit für kurze Augenblicke aufblitzenden Selbstzweifels:** Nur wenn man eine Außenperspektive einnimmt und die Grundvoraussetzungen (Axiome) seines Denksystems tabulos hinterfragt, besteht die Chance, kraft seines eigenen gesunden Menschenverstands und mithilfe der Sicht Außenstehender ungeschönt zu erkennen, worin man geraten ist und sich daraus zu befreien.

Die Menschheit sollte alles dafür tun, dass einseitige, geschlossene logische Denksysteme ein für alle Male entlarvt werden und man dadurch mit ihnen nicht länger sein Unwesen treiben kann. Die entsprechenden Erkenntnis steht im Zentrum der kognitiven Revolution.

Die Wahrnehmung

Im sinnvollen Umgang mit der Wirklichkeit ist ebenfalls die Erkenntnis unverzichtbar, dass der Mensch in seiner Wahrnehmung begrenzt ist, dass er stets nur Ausschnitte der Wirklichkeit wahrnimmt und dieses jeweils stets nur individuell verzerrt. Ein und der gleiche Vorgang wird von zwei Beteiligten häufig unterschiedlich wahrgenommen. Mit den üblichen Sinnesorganen ist dem Homo sapiens eine objektive Wahrnehmung, also eine exakte Abbildung der Wirklichkeit nicht möglich.

Ebenso ist das Erinnerungsvermögen eines Menschen sehr fehleranfällig. Die Welt, an die wir uns erinnern, kann eine andere als die ursprüngliche sein.

Das alles führt dazu, dass Menschen in Bezug auf ihre Wahrnehmung und ihre Erinnerung nicht davon ausgehen dürfen, dass ihre Sicht die einzig zutreffende ist. Gerade auch im Sinne einer vielsichtigen Herangehensweise sollte ein jeder aufgeschlossen für die Sicht Dritter sein. Handelt es sich dabei um einen konstruktiven Austausch, dann hat keiner etwas zu verlieren, sondern ein jeder kann nur etwas dazugewinnen, nämlich eine Erweiterung seiner eigenen Sicht. So kann das Abbild der Wirklichkeit Puzzle für Puzzle genauer werden. Man kommt nicht umhin, sich als ernsthafter Mensch die Relativität seiner eigenen Wahrnehmung und Erinnerung stets neu bewusst zu machen.

Exkurs: Spirituelle Intelligenz

Im Rahmen der kognitiven Selbsterkenntnis ist es unabdingbar, sich seine ureigene Einstellung in Bezug auf die möglicherweise höchste Wahrheit bewusst zu machen.

Ist die eigene Spiritualität im Laufe des eigenen Lebens gereift und hat all die „Kindergeschichten" überwunden und ist man vielleicht sogar in den Bereich eigener tiefer Erfahrungen vorgedrungen? Oder stößt einen jegliches Religiöse ganz einfach nur noch ab?

An diesem Punkt wird auf den Band „Terror sapiens III – Spirituelle Intelligenz" verwiesen, da in diesem Kontext nur punktuell auf wesentliche Erkenntnisse eingegangen werden kann.

Die Menschen in den verschiedenen Religionen haben ganz unterschiedliche Vorstellungen von dem Höchsten. Ein Christ verwendet den Begriff „Gott", ein Jude „Jahve", ein Moslem „Allah", ein Hinduist „Brahman", ein Taoist „Tao", ein Buddhist „Nirvana" usw.

Mit jeder dieser verschiedenen Bezeichnungen sind stets auch ureigene konkrete Vorstellungen in Bezug auf das „Höchste" und dessen „Beschaffenheit" und „Eigenschaften" verbunden (z. B. persönlicher Gott oder unpersönliches Etwas). Der im Folgenden benutzte Begriff der „Allwirklichkeit" soll all diese Vorstellungen in einem Ganzen umfassen und ganz grundsätzlich die Idee des Höchsten verkörpern, ohne auf die vielen Unterschiede Rücksicht nehmen zu müssen. Ist also von der Allwirklichkeit die Rede, so ist das Höchste gemeint. Als höchste Wirklichkeit umfasst sie von ihrer Bedeutung her tatsächlich alles und klammert absolut nichts aus – auch das vermeintlich Schlechte bzw. das sogenannte Böse nicht, das im Christentum z. B. lieber dem Teufel als dem „lieben Gott" in die Schuhe geschoben wird.

Die Vorstellung von „einer Allwirklichkeit" beinhaltet in allen Religionen die Idee des Absoluten, des Souveränen, des Unabhängigen, des Uneingeschränkten, des Grenzenlosen, des Alles-Umfassenden, des Vollständigen, des Vollkommenen. Die folgenden Eigenschaften mit der Vorsilbe „all" lassen sich nach diesem Verständnis der Allwirklichkeit zuordnen: all, alles, allgegenwärtig, allmächtig, allseitig, allumfassend, allwissend, allererst, allerletzt, allgewaltig, allschaffend, allezeit, alleingültig, alleinverbindlich, allerbest, allerherzlichst, allergnädigst, allergrößt, allerhöchst, allermeist, alleskönnend, allerwichtigst, allgültig, allerheiligst, allerliebst, allgütig, alllebendig, allliebend, allverehrt, allerbarmend und viele mehr.

Nimmt man dies zur Kenntnis, so ist es verwirrend, um nicht zu sagen geradezu empörend, mit welch einer einseitigen Weltsicht dann die meisten Religionen daherkommen und andere bis aufs Messer bekämpfen.

Man hat bisher keine Kultur auf der Erde angetroffen, in denen es keine Zeugnisse von Spiritualität gibt. Dabei findet man zum Beispiel zahllose religiöse Schilderungen über die Entstehung der Welt und der Lebewesen, über den Sinn des Lebens und über religiöses Leben auf dieser Erde. Es gibt keine Region, in der man nicht auf heilige Orte, heilige Rituale, heilige Schriften und vieles Heilige mehr stößt. Verhängnisvollerweise behauptet fast jede der religiösen Erzählungen von sich, dass sie allein über den einzig wahren Weg zur Allwirklichkeit verfüge. So leben die Menschen auch in Bezug auf ihre Religiosität und Spiritualität in einer Welt unüberschaubarer Vielfalt und damit voller Unterschiede und Gegensätze, obwohl es ja eigentlich um die höchste Wahrheit gehen sollte, die Klarheit in das menschliche Wirrwarr bringen könnte. Nicht selten wurden und werden unterschiedliche religiöse Vorstellungen zum Vorwand für Kriege missbraucht. Bisher hat es niemand nachhaltig vermocht, diesem Wahnsinn endgültig ein Ende zu setzen. Viele Menschen fühlen sich spirituell völlig alleingelassen. Der Rücksturz in einseitige Weltsichten ist vorprogrammiert. Dabei liegt die Antwort glasklar auf der Hand:

♦ Ist die Allwirklichkeit tatsächlich allumfassend, wie eigentlich alle übereinstimmend behaupten, dann umfasst sie tatsächlich alles und es gibt keinerlei Anlass mehr, sein Lehre gegen eine andere auszuspielen. Im Gegenteil: Religiöse Vorstellungen und spirituelle Lehren ergänzen sich. Man kann von ihnen allen durchaus lernen.

Der, der aber glaubt, dass der Anders-Glaubende ein Ungläubiger ist, der ist in Wirklichkeit selber ein Ungläubiger, denn er hat von dem allumfassenden Höchsten nichts verstanden.

In jeder Religion finden sich Menschen, die durch unterschiedliche „Methoden" (z. B. durch tiefes Gebet, durch Meditation, durch Achtsamkeits-übungen, durch rhythmische Musik und Tanz etc.) eigene Erfahrungen mit der Allwirklichkeit gemacht haben. Hierzu zählt zum Beispiel der christliche Mystiker mit seiner Erfahrung der „Unio Mystica", der Zen-Buddhist mit seiner „Satori-Erfahrung", der hinduistische Yogi mit seiner Erfahrung vom „Samadhi", der islamische Sufi mit seiner Erfahrung vom völligen Versinken im göttlichen Sein und viele andere auch. Derartige Erfahrungen werden seit Jahrtausenden bezeugt. Neben all den Unter-schieden bei den sprachlichen Beschreibungs- und den anschließenden Einordnungsversuchen in die jeweiligen religiösen Lehrsysteme finden sich durchaus religions- und kulturübergreifende Gemeinsamkeiten. Im Folgenden die wichtigsten vier:

1) Es wird stets betont, dass diese Erfahrungen mit Worten auch nicht nur annähernd beschrieben werden können, da sie alles bisher Gewohnte bei Weitem übersteigen. Deshalb werden oft bekannte Bilder und Vergleiche benutzt, um zumindest einzelne Aspekte andeuten zu können. Hierin liegt auch der Grund, warum sich sogar solche Erfahrungsberichte scheinbar widersprechen können, obwohl sie eigentlich „das Ganze" zu beschreiben versuchen.

2) Diese Erfahrung beinhaltet die Versöhnung aller bisher gewohnten Gegensätze. Von so etwas wie einer unbegrenzten Gesamtschau wird gesprochen. Dieser Zustand wird von einigen auch als „Kosmisches Be-wusstsein" bezeichnet.

3) Dabei wird ein Stadium beschrieben, in dem man keine Fragen mehr hat, da die Antwort stets gegenwärtig ist.

4) Es wird die Erfahrung einer sehr tiefen Harmonie und einer alles ver-bindenden Liebe gemacht.

[Auf ähnliche Erfahrungen trifft man auch im Zusammenhang mit zahlreichen Nahtoder-fahrungen und mit besonderen Drogenerlebnissen. Im Zusammenhang mit religiös-spirituellen Erlebnissen haben kulturspezifische Drogen in der Entwicklung des Mensch-heit lange Zeit eine nicht zu vernachlässigende Rolle gespielt.]

Allwirklichkeitszeugen aller Zeiten betonen stets, dass der Mensch neben seinem begrenzten Ich über ein höheres, wahres Selbst verfügt, das in der Allwirklichkeit wurzelt. Dieses Selbst liegt im Inneren eines jeden und kann durch entsprechende Hinwendung (z. B. durch bestimmte Meditatio-nen) erfahren werden. Für die Allwirklichkeitszeugen befindet sich der

Mensch aufgrund seines begrenzten Egos (Ichs) auf einer Art Pilgerfahrt zu seinem wahren Selbst. Das gilt als der eigentliche Sinn des Lebens. Selbsterkenntnis wird in diesem spirituellen Kontext mit der Erkenntnis der Allwirklichkeit gleichgesetzt, wobei alle Gegensätze als überwunden und so etwas wie eine höchste Einheit erfahren wird. Man könnte diese Erfahrung auch als die ultimative Eindeutigkeit bzw. als die einzig mögliche objektive Sicht eines Menschen bezeichnen, etwas, wonach dieser (bewusst oder unbewusst) schon immer auf der Suche war und ist.

Selbst, wenn man an keine transzendente Wirklichkeit glaubt, da man keiner der vielen religiösen Erzählungen mehr Glauben schenken kann, sollte man nicht für alle Zeiten rigoros ausschließen, dass auch Erfahrungen außerhalb unserer gewohnten Wahrnehmung möglich sind. Zeugnisse für so etwas wie die Allwirklichkeit – über religiöse Geschichten und Rituale weit hinausgehend – finden sich in allen Kulturen über alle Zeiträume hinweg. Es ist an der Zeit, den gemeinsamen Kern aller Religionen zu entdecken, anstatt sich noch länger die Unterschiedlichkeiten um die Ohren zu hauen. Gerade im religiös-spirituellen Bereich sollte die Erkenntnis der Vielfalt in der Einheit bzw. der Einheit in der Vielfalt nicht länger ein Problem bereiten. Genau das ist ein Ausdruck für die sich ergänzende, komplementäre Vielfalt der ganzen Wirklichkeit.

Fazit kognitive Selbsterkenntnis

Der Mensch wurde ganz offensichtlich nicht dazu geschaffen, für alle Zukunft einseitigen Weltsichten hinterherzulaufen. Seine evolutionär bedingten anfänglichen Schwierigkeiten mit der Vielfalt können inzwischen zügig überwunden werden, da seine geistigen Kapazitäten dazu ohne große Probleme in der Lage sind und da der Mensch inzwischen über genügend leistungsstarke Technik verfügt, die ihn bei der Bewältigung der Komplexität ausreichend unterstützen kann. Die technische Revolution hat den Menschen auf die unerlässliche kognitive Revolution vorbereitet. Jetzt müssen sich die Menschen selber tabulos ihrer kognitiven Selbstbeschränkung und ihrer Ausweichmanöver in Bezug auf die Vielfalt bewusst werden. Es bereitet Freude und Inspiration, sich nicht länger als beschränkter Homo sapiens durch die Vielfalt der Wirklichkeit zu bewegen.

In den folgenden Kapiteln wird der konstruktive Umgang mit der Vielfalt anhand von Beispielen nachvollziehbar gemacht.

Verschiedene Bedeutungen der Rose

Die Rose ist die älteste und traditionsreichste Pflanze der Menschheit. Sie gilt als die Königin der Blumen. Als Pflanze mit dem weitaus umfangreichsten Symbolcharakter verfügt sie über ganz unterschiedliche, sogar gegensätzliche Aspekte. Man kann von der Ambivalenz der Rose sprechen, vom gleichzeitigen *„Auftreten von einander widersprechenden Vorstellungen"*. *(© Bibliographisches Institut & F. A. Brockhaus AG, Mannheim, 2006)*

▪ **Nach dem Entweder-oder-Denken (Einseitigkeit):**

Entweder die Rose hat als Symbol eine positive Bedeutung **oder** die Rose hat als Symbol keine positive Bedeutung. Eine dritte, weitere Möglichkeit gibt es nicht.

▪ **Nach dem Sowohl-als-auch-Denken (Vielsichtigkeit):**

Möglicherweise hat die Rose verschiedene, **sowohl** positive als auch **negative** Bedeutungen. Mal sehen …

♦ *Keine Rose ohne Stacheln!*

Botanisch-korrekte Version des bekannten Sprichworts „Keine Rosen ohne Dornen". Botaniker bestehen darauf, dass Rosen in Wirklichkeit keine Dornen, sondern Stacheln haben, deshalb wird in der Folge der Begriff der Stachel verwandt.

Die interessante Bedeutung dieses Sprichworts ist, dass etwas Positives auch immer etwas Negatives mit sich bringt. Demnach hat jedes Ding Vor- und Nachteile, trägt also gegenteilige, aber sich ergänzende Aspekte in sich. Das entspricht der Vorstellung von den zwei Seiten ein und derselben Medaille. Münzen und Medaillen haben untrennbar voneinander eine Vorder- und eine Rückseite, mit unterschiedlichen, möglicherweise sogar gegensätzlichen Prägungen. Ein jeder kennt Formulierungen wie: *„Auf der einen Seite – und auf der anderen Seite", „einerseits – andererseits", „das eine und auch das andere", „ein zweischneidiges Schwert",* etwas ist *„zwiespältig"* bzw. *„uneins" (s. u. a. openthesaurus.de).* Man kann es auch so ausdrücken: *„Bei einer Münze sind die Prinzessinnen- und die Aschenputtelseite untrennbar miteinander verbunden." (s. wissen.de)*

♦ Einwand: Eigentlich weiß das doch jeder.

Richtig, der gesunde Menschenverstand weiß das schon lange. Wohl aber die aristotelische Entweder-oder-Brille bzw. die Einseitigkeitsbrille, die noch heute verpflichtend für Logiker und Wissenschaftler ist, zwingt uns eine andere Sicht auf. Und das hat Rückwirkungen auf das Denken der Menschen ganz allgemein. Wer möchte denn schon als unlogisch gelten?

Einerseits steht die Rose mit ihrer schönen Blüte und ihrem Duft für Schönheit und Reinheit, für Liebe und Fruchtbarkeit, für Begierde und Leidenschaft, für Vertrauen und Vollkommenheit, für Zeit und Ewigkeit. Andererseits stehen die Stacheln der Rose für Verletzung und Blut, für Schmerz und Leiden. Die Rose steht auch für Tod und Vergänglichkeit.

Rote und weiße Rosen gemischt stehen für Gegensätze wie männlich und weiblich, wie Körper und Geist, wie Liebe und Weisheit, wie Feuer und Wasser usw. Erst durch das Vereinen von Rot (Liebe) und Weiß (Weisheit) soll sich der wirkliche Durchbruch zur geistigen Welt vollziehen.

Die Rose inmitten eines Kreuzes steht ähnlich der indischen Lotosblüte für die Einheit der Welt, aus der heraus sich stets alles neu entfaltet. Die Rose ist ein Sinnbild für die Entfaltung der Seele. Die goldene Rose steht für Vollkommenheit und symbolisiert das höchste Ziel des Menschen.

Die Rose gilt auch als Vorbild für den so genannten „Goldenen Schnitt", der u. a. auch ein Symbol dafür ist, dass im Makrokosmos die gleichen Grundgesetze herrschen wie im Mikrokosmos des Menschen.

In China steht die Pfingstrose als Rose ohne Stacheln für Reichtum und Glück, in Japan für ein langes Leben, im Christentum für das Heil.

Interessanterweise ist die Rose auch ein Symbol der Diskretion. In der Antike war sie ein Symbol für ein göttliches Geheimnis. Später stand die so genannte Schweigerose für das Versprechen der Verschwiegenheit. Was z. B. in einem Kloster, Beichtstuhl oder in einem Rittersaal unter dem Symbol einer Rose gesagt wurde, sollte diesen Raum niemals verlassen.

Welch herrliche Vielfalt würde einem entgehen, wenn man eine Rose lediglich durch die Entweder-oder-Brille betrachtete! Die Rose ist ein wunderschönes Beispiel für die mögliche Vielfalt einer einzigen Sache.

Das Paradies der Einseitigkeiten

Erzählung *(Version 10.2018)*

Als Franz nach einer zeitweise schlaflosen Nacht am späten Vormittag dann endlich aufwachte, wusste er genau was zu tun war. Er würde auf seinem Tisch einen kurzen Abschiedsbrief an seine Nachbarin hinterlassen, war sie doch nach den vielen Jahren der einzige Mensch, mit dem er zumindest noch irgendwie etwas vertraut war. Den freundlichen Berater von der Arbeitsagentur konnte er jetzt sowieso nicht erreichen.

Dann würde er auf dem Weg aus der Stadt hinaus noch einmal sein vegetarisches Lieblings-Restaurant besuchen. Er hoffte, dass die nette – für ihn aber leider unerreichbare – Kellnerin da war. Vielleicht würde er noch einmal einen ihrer erwärmenden „Augenblicke" erhaschen können. Viel Zeit hatte er nicht, drängte doch inzwischen die Zeit.

Bis zu der Stelle am Meer, wo er sich von den Klippen hoch oben in die tosenden Wogen stürzen wollte, brauchte er ungefähr drei Stunden Fahrzeit und etwa 35 Minuten Fußweg. Das alles musste noch vor Einbruch der Dunkelheit geschafft sein, da er den Weg zu der ausgesuchten Stelle im Dunkeln sonst nicht finden konnte.

Er wollte still und einsam aus seinem Leben scheiden. Sein bewusst gewählter Freitod sollte keine Last für irgendeinen anderen Menschen darstellen, nicht für den, der vielleicht irgendwann und irgendwo seinen geschundenen Körper fände, erst recht nicht für einen Lokführer, der ihn sonst überfahren müsste. Sein eigenes Leiden war ihm genug. In seinem bisherigen Leben war er als Rettungsassistent vielen höchst unappetitlichen Formen von Selbstmord begegnet. So wusste er genau, wie er es nicht machen wollte. Es ging nur um ihn. Niemand sollte in seinen Freitod mit hineingezogen werden. Er spürte abgrundtiefe Verachtung für Lebensmüde bzw. für Selbstmörder, die aus pervertierter Selbstdarstellungsabsicht oder aus Hass zumindest ihren Abgang zu einer scheinbar „großen Nummer" machen wollen, indem sie andere unschuldige Menschen mit in den Tod rissen. Wie erbärmlich!

Franz war klar genug, dass er sein inneres Leid auf niemand anderen projizierte. So war die einsame Klippe am Meer in Kombination mit wirkungsvollen Beruhigungsmitteln seine eigene, ganz persönliche Lösung für seinen letzten Weg. Vermutlich würde sein Körper niemals gefunden werden. Und das war auch gut so.

Im Grunde genommen hatte er schon lange auf diesen Augenblick gewartet. Kinder und Ehefrau hatte er nicht. Den Tod seiner eigenen Eltern hatte er abgewartet, wollte er diese doch nie in die Verzweiflung treiben, ihren eigenen Sohn beerdigen zu müssen.

Auf der Autofahrt zu seinem Ziel, für die er seine Lieblingsmusik zusammengestellt hatte, hatte er noch einmal Zeit, wichtige Stationen seines Lebens an sich vorbeiziehen zu lassen.

Als junger Mensch hatte er viele Freunde und Freundinnen, mit denen er fast nichts unversucht ließ: Musik, Sex, Drogen aller Art, Mitarbeit in radikalen Gruppen, erst links, später dann weit rechts und immer wieder zahlreiche verschiedene Jobs. Irgendwann machte er dann auf einem Meskalin-Trip eine tiefe spirituelle Erfahrung, woraufhin er zu einer mehrjährigen Sinnsuche nach Indien und in die USA aufbrach: Es folgten Kirchenaustritt, Kircheneintritt, Kirchenaustritt, Mitgliedschaft in den unterschiedlichsten Sekten, Kurz-Aufenthalte in Klöstern und Ashrams.

All das führte ihn zu einem Psychologiestudium, das endgültige Klarheit bringen sollte. Aber kurz vor dem Vordiplom warf er alles wieder hin. Die Psychologie mit ihrer unüberschaubaren Vielfalt an widersprüchlichen Lösungsansätzen war für ihn geradezu „ein Hort der Uneindeutigkeit". Was also hatte er da noch verloren? Höchstens nur endgültig seine Geduld mit all den vermeintlichen Welterklärungen, die am Ende doch alle widersprüchlich waren.

Schließlich machte Franz eine Ausbildung zum Rettungsassistenten. Da wusste er genau, was er wann, wie und warum zu tun hatte. Endlich hatte seine Existenz einen Sinn erhalten – zumindest für andere. Viele Jahre fuhr er auf dem Rettungswagen mit. Er war ein wirklich guter Rettungsassistent, vor allem besaß er Mitgefühl und Einfühlungsvermögen. Die Patienten erfuhren in den Augenblicken ihrer größten Not in den kurzen Begegnungen mit ihm Erleichterung und Halt. Es gab kaum ein Leid, es gab kaum eine extreme Lebenssituation, es gab kaum einen Menschentyp, den Franz in dieser Zeit nicht angetroffen hatte.

Er war inzwischen ein Fachmann für ganz verschiedene Welten. Und trotzdem hatte er es selber nie geschafft, daraus die für sein eigenes Leben so wichtigen Schlüsse zu ziehen. Er hatte nie den Punkt gefunden, an dem

sich seine unzähligen Erfahrungen zu einem großen Ganzen zusammenge-
fügt hätten. Er verstand die Geschichte seines Lebens nicht. Er schaute
zurück auf eine Vielzahl von Verirrungen und Brüchen. Vor sich sah er
eine nicht minder verwirrende Vielheit an möglichen Wegen. Und alle
beanspruchten, der richtige zu sein. Er selbst hatte nie die Orientierung
bzw. den Halt gefunden, den er anderen in Notsituationen so gut hatte
geben können. Er fühlte sich wie ein Stück Treibholz, das in den Wogen
des Lebens orientierungs- und hilflos von einem Extrem zum anderen hin
und her geschleudert wurde. Er fühlte sich machtlos, dagegen irgendetwas
Sinnvolles zu tun. In all dem Wirrwarr um ihn herum, hatte er keine tiefgreifende Idee, was wirklich gut und richtig für ihn ist. Obwohl er schon
so viel Unterschiedliches ausprobiert hatte, hatte er seinen ureigenen Weg
bis dahin nicht gefunden.

Eines Tages kam es dann so, wie es in seinem Leben ganz offensichtlich
immer wieder kommen musste. Er hielt es nicht mehr aus. Er musste raus
aus seiner gegenwärtigen Situation. Inzwischen war sein eigenes Leid so
groß geworden, dass er nicht mehr für andere Menschen da sein konnte.
Im Gegenteil: Er litt unter „Burn-out" und geriet in Arbeitslosigkeit und
zunehmende Einsamkeit.

Eigentlich war er ja gar kein dummer Mensch. Er hatte unglaublich viel in
seinem Leben erfahren, mehr als die meisten anderen. Bei eigentlich allem, was er je unternommen hatte, war er anfangs stets gänzlich überzeugt, in seinen Bemühungen ernsthaft und mit all seiner Kraft dabei. Er
gehörte stets so lange mit zu den besonders Engagierten, bis ihm eines
Tages dann doch auf einmal schlagartig bewusst wurde, dass man alles
auch ganz anders sehen und machen konnte. War das Gegenteil nicht sowieso viel besser?

So etwas geschah immer dann, wenn er es endlich schaffte, mit etwas
Ruhe und Abstand über seine jeweilige Situation nachzudenken. In solchen Momenten vollzog er dann – zum Entsetzen vieler – plötzlich einen
radikalen Schnitt, wechselte nicht selten vollständig die Seiten, ver-
schmähte das Alte und verdrängte all seine bisherigen Überzeugungen. Er
brach dann sämtliche Brücken hinter sich ab und übernahm das scheinbar
viel attraktivere Neue ebenfalls wieder voller Überzeugung. Sein eigenes,
kritisches Denken setzte an diesem Punkt dann erneut aus, denn er inte-
grierte sich ein weiteres Mal in ein geschlossenes Denksystem. Abermals
im Dienst „einer (neuen) Mission" – mit ganzem Herzen, mit ganzer Seele

und mit seinem ganzen Verstand – war er fortan wieder ein Stück weit wie ferngesteuert.

Dieser Vorgang hatte sich viele Male in seinem Leben wiederholt, weshalb er am Ende überhaupt keine Freunde mehr hatte und ihn schließlich auch neue Überzeugungen nicht mehr reizen konnten. Trotz dieses sich oft wiederholenden „Hin und Her" in seinem Leben hatte der Druck, endlich das eindeutig Richtige zu finden, niemals wirklich abgenommen, sondern war – im Gegenteil – sogar unaufhörlich weiter gewachsen und noch unerträglicher geworden. Mit welchem Arzt, mit welchem Therapeuten, hätte er je über seine „innere Pein" sinnvoll sprechen können? Diese hätten ihn doch nie umfassend verstanden, da deren eigene Lebenserfahrung viel zu begrenzt war – so zumindest glaubte er.

Einzig die aufrichtige Liebe zu einem anderen Menschen, wie z. B. zu der Kellnerin im vegetarischen Restaurant, hätte ihn vielleicht aus all dem rausholen können. Aber für ihn – als im Grunde genommen „verkrachte Existenz" – war diese Frau trotz ihres liebevollen und anmutigen Wesens nicht mehr als ein leuchtender Stern im Universum seiner kühnsten Träume. Franz war schon lange an einem Punkt, an dem er selber Aufmerksamkeit und Wertschätzung, Hilfe und Liebe dringend gebraucht hätte. Dafür aber schien es in seinem Leben inzwischen wohl viel zu spät zu sein – so zumindest glaubte er!

Mit dem heutigen Tag war für ihn der „Point of no return" erreicht. Er konnte so nicht mehr weitermachen. Das Leben hatte für ihn jetzt komplett an Sinn verloren. Es gab nichts mehr, was er noch ausprobieren wollte. Diesbezüglich hatte er jedweden Antrieb verloren. Er konnte und wollte die für ihn vollkommen unerträgliche Pluralität an möglichen Wegen und Welterklärungen nicht länger erleiden. Er sehnte sich nach einem Zustand absoluter, eindeutiger Klarheit. Das schmerzvolle Aufwachen in der Relativität der Wirklichkeit wollte er für immer überwinden. Deshalb schien es für ihn nur eine Lösung zu geben: Der Weg in die Existenz nach dem Leben, wo er sich Klarheit und Erfüllung erhoffte.

Immer wieder musste er an den Traum seines früheren Freundes denken. Dieser befand sich in einem riesigen Schloss, aus dem er nach einiger Zeit hinaus wollte. Das aber bereitete seinem Freund ein immer größer werdendes Problem: Er fand den Ausgang nicht. Hinter jeder Tür kam stets ein neuer Raum mit einer weiteren Tür in einen weiteren Raum mit Tür.

Er fand also vor lauter Türen den Ausgang nicht. Der Drang seines Freundes, endlich nach draußen zu kommen, hatte sich in der Situation ins Unermessliche gesteigert, bis er in seiner Not schließlich aus dem Fenster sprang. Sogleich landete er frei und unbeschwert, leicht und beglückt, auf einer sonnendurchfluteten Blumenwiese. Für seinen Freund war das in in dieser Traum-Situation die perfekte Lösung.

So hatte auch Franz sich entschlossen, als ultimativen Ausweg zu springen – zwar nicht auf eine Blumenwiese, sondern von einer hohen Klippe ins tosende Meer. Auch er hoffte auf die endgültige Befreiung aus seinem inneren Gefängnis. Auch er hatte schon viel zu viele Türen in seinem Leben geöffnet, ohne je den Ausweg aus seiner persönlichen Not zu finden.

Inzwischen war es schon fast dunkel geworden. Einige Beruhigungstabletten hatte er bereits beim Verlassen seines Autos genommen. So stolperte er nach kurzer Zeit fast wie in einem dumpfen Rausch den Trampelpfad oberhalb der Klippen entlang. Er musste die Stelle mit dem Übersprung finden, von dem er tatsächlich auch ins Meer und nicht schon vorher auf die Felsen fiel. Plötzlich ging dann aber alles ganz schnell. Ehe er sich versah, befand er sich wie in Zeitlupe im freien Fall. Zusammen mit einem dumpfen Schlag verlor er im Moment des Aufpralls das Bewusstsein.

Als er nach einiger Zeit in einer anderen Wirklichkeit wieder zu sich kam, war alles ganz anders als erwartet. Er befand sich nicht in einem Tunnel, durch den er auf ein gleißendes Licht zuschwebte, sondern er befand sich in einem gläsernen Aufzug, der merkwürdigerweise von ganz oben nach ganz unten in eine gigantische Halle fuhr. Unten angekommen öffneten sich die Türen. Eine Frau stand dort mit einem großen Schild: „Willkommen im Paradies! Bitte gehen Sie zu dem Schalter mit dem Buchstaben ihres Vornamens!" Am Schalter mit dem Buchstaben F angekommen, war er glücklicherweise auch sofort an der Reihe. Nichts erinnerte ihn an ein Paradies, sondern viel mehr an die Abfertigungshalle in einem großen Flughafen-Terminal.

Nach dem Abgleich seiner Daten, wurde er nach den Gründen für seinen Freitod gefragt. In diesem Gespräch sollte geklärt werden, wie sein zukünftiges Paradies individuell konfiguriert, also ganz konkret gestaltet werden sollte. Franz wollte an erster Stelle, völlig klar und unmissverständlich, dass in seinem Paradies keine Vielheit und kein Pluralismus existierten. Er bat darum, an einen Ort zu kommen, an dem es keine quälende Vielfalt mit all den Unterschieden und Widersprüchen gäbe, sondern nur Eindeutigkeit und Klarheit. Genau darin sah er doch seine Erlösung, die er so lange gesucht und nie gefunden hatte. Zu seiner völligen Bestürzung machte man ihm aber sofort und mit allem Nachdruck unmissverständlich klar, dass Einfalt und Einseitigkeit besonders im Paradies nun gar nichts zu suchen hätten.

Es folgte eine lange Belehrung: Ohne Vielfalt existiere auch im Paradies keinerlei Leben. Unterschiede und Widersprüche seien in Wirklichkeit überhaupt keine Bedrohung, sondern eine wertvolle und unverzichtbare Bereicherung. Die Schöpfung sei doch der Inbegriff der Vielfalt. Einzig verwirrte Menschen kämen auf die völlig unsinnige und leidvolle Idee der Gleichheit. In der Natur gäbe es nur Einzigartigkeit und niemals Uniformität. Die Sehnsucht vieler Menschen nach Einheitlichkeit, Gleichförmigkeit und Konformität sei ein Ausdruck ihrer emotionalen, seelischen und geistigen Schwäche, beruhend auf ihrer immer noch niedrigen kognitiven Evolutionsstufe. Nachdem sich der Mensch endlich Schritt für Schritt aus der genetischen Festgelegtheit seiner tierischen Instinkthandlungen befreien könne, bekämen nicht wenige zunehmend Angst vor der neu gewonnenen Freiheit und der sich auftuenden Vielfalt. So würden sich verhängnisvollerweise viele lieber von Prägung, Traditionsblindheit und Einseitigkeitswahn leiten lassen als von ihrem genialen Verstand.

Nein, vor allem im Paradies ginge ohne Vielfalt gar nichts! Denn die drei wichtigsten Prinzipien der gesamten Schöpfung seien doch:

• Die Vielfalt (in) der Einheit

• Die Einheit (in) der Vielfalt

• Die alles verbindende Liebe

Im Leben, auf der Welt, im Universum und im Paradies funktioniere nichts ohne diese drei Prinzipien. Es sei an der Zeit, dass der Mensch anfange, das zu verstehen!

Um dem verdutzten Franz dennoch eine Chance zu geben, zumindest eines Tages im Paradies glücklich zu werden, wollte man ihm eine Art Vorbereitungszeit von sieben Tagen zugestehen. Für diese Zeit durfte er sich aus dem Katalog des Lebens sechs Gegensatzpaare heraussuchen, bei denen er jeweils diejenige Seite bestimmen konnte, die in seinem vorübergehenden „Paradies der Einseitigkeiten" nicht vorkommen sollte.

Franz würde dann schon ziemlich schnell verstehen, worauf es im Leben und im Paradies tatsächlich ankäme.

Franz brauchte für seine Wahl ziemlich lange, weil er am liebsten doch von allen Gegensatzpaaren jeweils eine Seite weggestrichen hätte. Da das aber nicht ging, musste er sich entscheiden. So wählte er als ersten den für ihn wichtigsten Punkt: „Klarheit" statt „Unklarheit". Die weiteren Punkte hatte er eher unbewusst nach Lust und Laune ausgesucht, so als hätte er in einem verführerischen Reisekatalog die viel versprechendsten Zusatzangebote ausgewählt: Es folgten „Keine Probleme" statt „Probleme", „Sonne" statt „Dunkelheit", „Jugend" statt „Alter", „Freiheit" statt „Unfreiheit" und „Spaß" statt „Ernst".

Als er fertig war, konnte er es gar nicht mehr abwarten, endlich in sein Paradies zu kommen. Der große Augenblick war zunächst ganz unspektakulär: Man ließ ihn ganz einfach durch die Tür hinter dem Schalter. Als sich diese schloss, war er allerdings in einer komplett anderen Welt.

Zunächst blendete ihn die gleißende Sonne. Alles sah aus wie an einem großen Strand. Es gab kaum Grün. Dafür viel Trockenheit und überall Sand. Die Kokospalmen boten keinen wirklichen Schutz vor der Sonne. Außerdem konnte man doch leicht von einer herunterfallenden Kokosnuss erschlagen werden. Das aber war hier in seinem Paradies der Einseitigkeiten ja scheinbar überhaupt kein Problem, auch nicht, dass er schon bald den ersten Sonnenbrand bekam. Was sollte es? Er hatte Spaß. Das war doch genau das, worauf es an diesem Ort anzukommen schien.

Überall junge Menschen, die ungebremst all das machten, was ihnen gerade in den Sinn kam. Waren sie doch frei. Es gab niemanden, der sie in die Schranken wies. Warum denn auch? Alles war doch ein großer Spaß und überhaupt kein Problem. Überall fand man zwischen den Bergen voller Unrat Pärchen und Gruppen, die trotz der sengenden Sonne und dem schmirgelnden Sand miteinander Spaß zu haben schienen. Franz fühlte sich frei genug, sich immer wieder irgendwo dazu zu gesellen. War doch alles kein Problem! Es machte Spaß!

Als er irgendwann müde wurde, war ihm sofort klar, dass er einen Schlafplatz brauchte. Wo aber konnte er hier schlafen? War es doch unentwegt hell und heiß. Die Kühle der Nacht gab es nicht. Wo sollte er Schatten finden an diesem permanent besonnten Ort? Wo sollte er Ruhe finden bei all den spaßigen jungen Menschen um ihn herum, die im Ausleben ihrer grenzenlosen Freiheit vor genau nichts zurückschreckten. Warum denn auch? Sie wussten doch gar nicht wirklich, was sie da taten. Da sie mit nichts ein Problem hatten, da sie kein negatives Feedback erhielten, blieb ihnen die Chance verwehrt, aus negativen Erfahrungen zu lernen.

Da ging es Franz dann doch etwas anders. Seine Klarheit, die immer wieder aufblitzte, machte ihm einen Strich durch die „Spaß-Rechnung". Er empfand den völlig freien und problemlosen Spaß wie auch den jugendlichen Leichtsinn zunehmend als störend. Und dennoch wurde seine eigentlich gewollte Klarheit durch all die Verlockungen des absoluten Freiseins immer wieder eingenebelt.

Zum Glück musste er jetzt nicht noch Spaß mit dutzenden Jungfrauen haben. Hier im Paradies der Einseitigkeit offenbarte sich diese Vorstellung nun wirklich als krankhafte irdische Männerfantasie, die man jungen Männern niemals als religiöses Ziel predigen dürfte.

In diesem Zusammenhang erinnerte sich Franz an das Beispiel eines alten Mannes, der selber ganz neu im Paradies war und dort in der Nähe des Eingangstores auf seinen bereits früher verstorbenen Freund traf. Dieser saß im Schatten eines großen Baumes mit einer wunderschönen jungen Frau auf seinem Schoß. In freudvoller Erwartung fragte ihn der Neuankömmling, ob diese hübsche junge Frau seine Belohnung sei. Sein Freund antwortete daraufhin mit brüchiger und tieftrauriger Stimme: *„Nein, stell dir vor, ich bin ihre Bestrafung!"* So wurde diese bestrafte, liebreizende junge Frau zur schlimmsten Qual für seinen verzweifelten Freund. Das war für ihn die Hölle, nicht aber das Paradies!

Geht es den „sexbesessenen Jungfräulichkeits-Selbstmord-Bombern" am Ende ganz genauso oder landen die direkt in der Hölle?

Irgendwann schlief Franz dann doch im Schatten eines recht dürren Baumes ein. Sein Schlaf war allerdings unruhig und kurz.

Obwohl er nach dem Aufwachen noch ziemlich erschöpft war, spürte er Spaß in sich. Er musste sich fast dazu zwingen, endlich eine Wasserstelle mit sauberem Trinkwasser zu finden, auch wenn er gar kein Problem dabei fühlte, das verschmutzte Brackwasser zu trinken. Glücklicherweise blitzte in ihm ab und zu die Klarheit auf, die ihn dann doch zu sinnvollem Handeln trieb.

Endlich war er an der Wasserstelle angekommen. Sogar bei der langen

Suche mit hochrotem Kopf in der sandigen Wüste hatte er irgendwie Spaß verspürt. Es war allerdings ein befremdliches Gefühl, dass er all die Widrigkeiten nicht als schweres Problem wahrnahm. Zum Glück traf er an der Wasserstelle auf eine wunderbare Frau, die trotz des ganzen Spaßes um sie herum nachdenklich aussah. Ihr Name war Sahra. Auch sie schien wohl den Spaß am Spaß irgendwie verloren zu haben und die Augenblicke der Klarheit vorzuziehen.

Beide begannen ein sehr langes und tiefes Gespräch. Dabei halfen Sahra und Franz sich immer wieder gegenseitig, der wiederkehrenden Verführung durch den Rausch von Freiheit und Problemlosigkeit, von Spaß und jugendlichem Leichtsinn zu widerstehen und über den Tellerrand des vermeintlichen Paradieses hinwegzusehen. Stets konnte einer den anderen daran erinnern, sich wieder und wieder auf die Klarheit zu konzentrieren, was ihnen immer besser gelang.

Die Erkenntnisse, die sie abseits der Spaßvögel hatten, waren bemerkenswert: Kein Paradies durfte so sein wie dieses. Im Paradies der Einseitigkeiten schien schon nach kurzer Zeit alles aus dem Ruder zu laufen. Genau genommen war das die Hölle. Nichts war mehr im Lot: permanente Sonne und Wärme waren in Wirklichkeit eine Qual. Es fehlte das wohltuende Miteinander von Tag und Nacht, von Licht und Dunkelheit, von Wärme und Kälte, von Sonne und Regen. Nur so konnten Mensch und Natur gleichermaßen aktiv sein und sich erholen. Nur so konnten alle wirklich überleben.

Wie sollte ein Leben nur mit Spaß und ohne Ernst auf Dauer erträglich sein können? Wie sollte jemals ein Leben ohne Probleme funktionieren, wenn man nie die Chance hätte, aus Erfahrungen klug zu werden?

Wie sollte eine Gesellschaft überleben, wenn sich jeder die Freiheit nähme, das zu tun, was ihm gerade in den Sinn käme und Spaß machte?

Wie sollte jemals Freiheit ohne Verantwortung zum Wohle der Menschen führen können? Freiheit ohne Verantwortung ist die Basis knallharter Anarchie, in der jeder nur seine eigenen Interessen mit allen Mitteln durchzusetzen versucht. Wie unreif und wie unverantwortlich waren doch in Wirklichkeit all diese problembefreiten, spaßigen jungen Menschen!

Wie sollte jemals eine Welt ohne den Kreislauf von Geburt und Tod und ohne den Wechsel von Jugend und Alter überleben können, ohne vor Überfüllung zu zerbersten?

Sahra und Franz wurde plötzlich auch bewusst, dass besonders totalitäre Systeme, in denen jeweils nur eine Sicht der Dinge, jeweils nur ein Glaube, jeweils nur eine Lebensweise geduldet wird und alle anderen Sichtweisen verfolgt und mit drastischen Mitteln bekämpft werden, das größte Leid und die schrecklichsten Katastrophen in der Geschichte der Menschheit verursacht haben. Wie viele unzählige Köpfe hatten in der Geschichte der Menschheit schon rollen müssen, weil irgendwelche völlig verirrten Menschen fest daran glaubten, als einzige – völlig einseitig – im Besitz der höchsten Wahrheit zu sein?

Wie lange noch will man auf der Welt irgendwelchen obskuren (Ver-) Führern die Chance geben, andere Menschen mit in ihren Einseitigkeitswahn hineinzureißen?

Wie lange noch wollen Menschen solch völligen Schwachsinn glauben und ihr eigenes Potenzial für einseitige Weltsichten sinnlos verschwenden, weil sie selber zu bequem sind, ihren eigenen gesunden Menschenverstand zu benutzen?

Die Akzeptanz von Vielfalt, das Entstehen pluralistischer Gesellschaften gehört zu den unverzichtbaren Errungenschaften in der Entwicklung selbstständig denkender Menschen. Selbst wenn der Umgang der meisten Menschen mit der Vielfalt häufig noch sehr unbeholfen ist, so muss die Akzeptanz der Pluralität unbedingt verteidigt werden. Es ist unverzichtbar, den intelligenten Umgang mit der Vielfalt zu erlernen, anstatt diese zu verdrängen. Dabei braucht es Mut und innere Stärke, Einsicht und Besonnenheit, Weitsicht und Geduld, um der Vielfalt standzuhalten und kreativ mit dieser umzugehen.

Das ist nun wirklich nichts für Weicheier und Blender, die immer noch glauben, ihre Ignoranz und Dummheit, also ihre kognitive Schwäche hinter gesellschaftlichem Getue, hinter materiellem Besitz, hinter körperlicher Stärke und hinter Waffen, hinter Macht und Unterdrückung verstekken zu können. Es ist an der Zeit, solche Menschen nachhaltig zu entlarven und ihnen keinen unangebrachten Respekt mehr zukommen zu lassen.

Die folgenden Erkenntnisse aber schienen Sahra und Franz in ihrem Gespräch am wichtigsten zu sein: Jede Form von Einseitigkeit führt zwangsläufig zu einem Ungleichgewicht mit oft desaströsen Konsequenzen. Der Schlüssel war, was Franz zu seinen Lebzeiten nie begriffen hatte, dass man die Vielfalt mit all ihren Unterschieden und scheinbaren Widersprüchen akzeptiert. Es sind am Ende nicht die äußeren Gegebenheiten, von denen die Erfüllung im Leben abhängt, sondern es sind stets die eigene Art und Weise und die eigene Verfasstheit mit der man selber den ganz unterschiedlichen Situationen im Leben begegnet. Nicht Äußerlichkeiten, sondern die innere Erfahrung entscheidet darüber, ob Menschen ihr eigenes Leben als sinnvoll oder nicht erleben. Ist man dazu bereit und in der Lage, sich selber als lernendes Wesen auf dem Weg zur ganzen Wirklichkeit zu erfahren, beantwortet man die Frage nach dem eigenen Selbst bzw. dem eigenen Selbstwert nicht länger mit gesellschaftlichen Umständen bzw. mit materiellen Aspekten, erfährt man in sich so etwas wie Liebe zum Leben und liegt der Schwerpunkt seiner eigenen Aufmerksamkeit nicht auf Frustrationen, Neid, Aggressionen und Hass, sondern auf Dankbarkeit und Demut, dann erhält das eigene Leben seinen Wert an sich.

♦ So hängt es von der eigenen Sinnerfahrung ab, ob man die Vielfalt als gnadenlosen Sumpf einer verwirrenden Vielheit oder als vollendeten Ausdruck einer alles verbindenden Einheit erfährt. Hat man die Sinnfrage jenseits all der Äußerlichkeiten (auf obige Weise) bereits für sich geklärt, ist man zumindest innerlich nicht länger Spielball in den Wogen des Lebens, sondern kann all die einzelnen Aspekte als Bereicherung erfahren, die einen auf dem Weg zum Ziel jeweils ein Stück weiter bringen können.

Genau das war das alles miteinander verbindende Wissen, das Franz in seinem Leben immer gesucht hatte. Er konnte also selber darüber bestimmen, ob er Untergang oder Erfüllung erfuhr.

Die Verbindung von Vielfalt und Einheit erinnert an das wunderbare Bild des Regenbogens: Die verschiedenen, individuellen Farben (Vielfalt) sind unverzichtbarer Teil der ganzen Schönheit des Regenbogens (Einheit der Vielfalt). Und alles das hat seine gemeinsame Quelle im weißen Sonnenlicht, das alle diese Farben enthält (Vielfalt der Einheit).

Nach diesem langen und äußerst intensiven Gespräch überfiel Franz eine tiefe Müdigkeit und er schlief sofort ein. Sahra deckte ihn zu, damit er in dem gleißenden Sonnenlicht nicht vollends verbrannte und zumindest etwas Kühle erfuhr. Es dauerte lange bis Franz wieder aufwachte. Aber irgendetwas stimmte nicht. Es war plötzlich dunkel und kalt um ihn herum und er fühlte einen stechenden Schmerz im Kopf.

Wo war er? Was war passiert? Wo war Sahra? Er rief nach ihr, doch sie antwortete nicht. Sie war wohl weg. Unter sich hörte er das tosende Meer und den Ruf der Möwen in den ersten Farben des Sonnenaufgangs.

Lebte er noch? War er etwa nach einer Nahtoderfahrung zurück ins Leben gekehrt? Oder hatte er „das höllische Paradies der Einseitigkeit" ganz einfach nur geträumt?

Auf seiner Kleidung fand er überall Spuren von Blut. Er hatte eine klaffende Wunde am Kopf. Vermutlich war er im Dunkeln auf dem Trampelpfad – so benommen wie er wohl schon gewesen war – ins Fallen geraten und mit dem Kopf auf einen der großen Steine am Wegesrand geschlagen.

Er lebte also noch. Was für ein unbeschreibliches Glück! Denn jetzt erschien der Versuch, sich selber umzubringen, sein Leben aus welchen Gründen auch immer wegwerfen zu wollen, wie eine große (spirituelle) Dummheit. War das Leben doch bis zum letzten Atemzug eine einzigartige, unwiederbringliche Chance zu lernen und inmitten der Vielfalt die Einheit suchen und finden zu können, unabhängig davon, wie verzweifelt man sich manchmal fühlte. In der Verzweiflung lag in Wirklichkeit die Chance, von falschen Vorstellungen im Leben loszulassen, niemals aber vom Leben selber. Selbstmord zeigte sich ihm fraglos als unangebracht.

Tief in seinem Inneren verspürte Franz jetzt Freude und Liebe, Kraft und Inspiration, Dankbarkeit und Demut. Plötzlich erschienen alle seine Lebenserfahrungen wie ein großer Schatz, wie eine unglaubliche Bereicherung, wie die Puzzlestücke seines großartigen „Lebens-Bildes". Er fühlte kein Hin- und Hergeworfen mehr zwischen den Extremen. Er konnte jetzt deren Bedeutung und deren Zusammenspiel zunehmend besser verstehen. Trotz all der vormals wahrgenommenen Brüche erkannte er nun so etwas wie eine rote Linie, wie eine übergeordnete Ausgeglichenheit in seinem Leben. Von nun an war er nicht länger hilflos der Vielfalt des Lebens ausgesetzt. Er begann zu verstehen, wie man mit dieser sinnvoll umgehen konnte. Vielfalt war nicht länger eine Bedrohung, sondern eine Chance.

Ja, er vermisste Sahra sehr, er vermisste ihre liebevolle und klare Art, er sehnte sich nach dem fruchtbaren Austausch mit ihr. Er wollte die Erinnerung an sie so lange wie möglich in seinem Herzen tragen. Vielleicht war es ihm eines Tages sogar vergönnt, solch eine bereichernde Partnerin zu finden. Sein Leben war jetzt lebens- und liebenswert geworden.

Die Reichhaltigkeit von Tag und Nacht

Erzählung *(Version 10.18)*

Die folgende Erzählung ist eine Zusammenfassung ähnlicher Geschichten. Sie beschreibt an einem Beispiel die Faszination und die Reichhaltigkeit durch die Vielfalt.

Bevor Gott das Universum mit seinen unzähligen Aspekten erschuf, war alles eins. Es gab keine Unterschiede zwischen hell und dunkel, warm und kalt, Mann und Frau, Leben und Tod. Alles war eins in Gott.

Für die Taoisten gilt das (unaussprechliche) Tao als Quelle von allem. Es ist zugleich Alles und Nichts, Anfang und Ende. Aus dieser Einheit des Tao entstand dann das dynamische Wechselspiel der komplementären „Uraspekte" Yin und Yang, die in der chinesischen Philosophie Mutter und Vater aller Unterschiede und Polaritäten sind.

Wissenschaftler nennen diese Zeit vor dem Urknall übrigens „Singularität" (also das Gegenteil von Pluralität). Demnach war das gesamte Weltall in der Form von unendlich großer Energie in einem unendlich kleinen Punkt komprimiert, bevor diese dann im sogenannten Urknall (Big Bang) explodierte und daraufhin alle Erscheinungen unseres Universums entstanden. Demnach ist Materie also eine Manifestation von Energie. Nähert sich Materie zu nah einem Schwarzen Loch, so dass sie dort hineingezogen wird, dann wird sie allerdings wieder zu Energie, so vermutet man zumindest. Wurde unser Weltall vielleicht einfach nur auf der anderen Seite eines Schwarzen Loches wieder „ausgespuckt"?

Dass die Erscheinungen unserer Welt zwei Seiten haben, wussten die Buddhisten schon sehr lange vor den Naturwissenschaftlern. Für sie gilt „Form" in ihrem komplementären, sich gegenseitig ergänzenden Wesen gleichzeitig auch als „Leere" und wiederum „Leere" gleichzeitig auch als „Form". Inzwischen ist solch eine komplementäre Sicht auch bei den Kernphysikern angekommen. Teilt man Materie bis zum Ende immer weiter (Kernspaltung), dann werden extrem große Mengen an Energie freigesetzt. Umgekehrt ist es den Wissenschaftlern schon gelungen mit sehr viel Energie – zumindest kurzfristig – Materie zu erschaffen. Demnach ist auch für sie Materie [≈ Form] gleich Energie [≈ Leere] und umgekehrt. Solch komplementären, gegensatz-ergänzenden Zustände scheinen zu den Grundprinzipien des Universums zu gehören – etwas, was Aristoteles noch nicht wissen konnte.

Der Zustand grenzenlos harmonischer Singularität zu Beginn von allem wurde Gott auf Dauer ganz offensichtlich zu langweilig. Es fehlte ihm die Spannung des Lebens. Alles war eintönig, gleichförmig und vorhersehbar. Nichts Neues passierte mehr. In diesem Zustand ist wohl sogar ein Paradies kein Paradies mehr, da alles schon bekannt und völlig normal ist.

Eines Tages entschied sich Gott, diesen Zustand zu ändern. Mit einer unvorstellbaren Explosion startete er das „Spiel des Lebens" und nannte es Evolution. Durch den gewaltigen Urknall entstand das Universum mit einer fast unendlichen Vielfalt an Energie-, Materie- und Geisteszuständen, an Formen und Lebewesen. Seit diesem Augenblick bedeutet Leben Abgrenzung und Unterscheidung von allem anderen. Plötzlich entstanden Individualität und Verschiedenheit, Einseitigkeit und Polarität. Leben bedeutet seitdem den permanenten Wechsel von Geburt, Entwicklung, Verfall, Tod und Transformation. Nichts ist statisch, nichts ist mehr vorhersehbar.

Am Anfang des Spiels bekam jedes Wesen das gleiche Entwicklungs- und Lebenspotenzial, die gleiche Freiheit. Niemand kannte Vergangenheit oder Zukunft. Das Ziel dieses Spiels war bzw. ist es, seine wahre Identität zu erkennen: die Verbundenheit mit der Allwirklichkeit, die Einheit von allem in Gott, der Quelle allen Lebens. Das Spiel ist zu Ende, wenn alle Wesen ihr Ziel erreicht haben.

Anfangs hatte Gott Probleme mit zentralen Elementen des Spiels. Die Nacht kam zu ihm und beschwerte sich. Ihr gefiel nicht, dass sie im Gegensatz zum Tag nur dunkel, kalt und fast leblos war. Die Wesen würden Angst vor ihr haben und sie hassen. Den Tag aber mit seiner Helligkeit, Wärme und dem pulsierenden Leben würden sie völlig einseitig lieben. Die Nacht protestierte gegen diese ungerechte Einseitigkeit und forderte die gleiche Wichtigkeit bzw. den gleichen Wert wie der Tag.

Gott dachte nach und gab der Nacht Recht. In seiner Schöpfung und in seinem Spiel sollte nichts bzw. niemand wichtiger oder besser als ein anderer sein. Jedes und jeder sollte genauso wertvoll wie alles andere sein.

Gott erklärte dies der Nacht so: Gäbe es nur Helligkeit, Wärme und Aktivität, dann würde das Leben bald zum Stillstand kommen, da alles vertrockne und schließlich erschöpft sei, ohne die Abkühlung und die Erholung der Nacht. Gäbe es aber nur Nacht, dann wäre durch permanente Dunkelheit und Kälte bald alles ohne Lebenswillen und Energie. Die meisten Wesen könnten ohne den Wechsel von Tag und Nacht nicht leben. Fehlte ein Element, würden sie krank und irgendwann sterben. Tag und Nacht hätten unterschiedliche Aufgaben und seien so unverzichtbare, gleichwertige Partner.

Zusätzlich gab Gott der Nacht und dem Tag noch unzählige Gesichter: So gibt es seitdem erschreckend dunkle und lange, kalte Nächte, aber auch helle, vom Mond verzauberte, lauwarme, wunderbare, romantische Sommernächte, Nächte voller Stille und Erholung, aber auch voll stürmischer Aktivität. Auch kein Tag gleicht dem anderen. Es gibt helle, dunkle, kalte, warme oder heiße Tage, Tage voller Aktionen oder Tage voller Faulheit. Dabei ist mancher Tag dunkler und bedrückender, kälter und einsamer als manche Nacht und manche Nacht ist lebhafter als viele Tage.

Als die Nacht das verstand, dankte sie Gott sehr. Sie war stolz, dass sie eine gleich wichtige Aufgabe wie der Tag und auch solch eine Reichhaltigkeit hatte. Jetzt würden die Wesen auch sie lieben. Der Tag freute sich über seine starke Partnerin. Das Miteinander von Tag und Nacht gleicht seitdem einem fortwährenden Liebesspiel, das trotz seiner Regelmäßigkeit immer anders ist. Im Zauber der Morgen- und Abenddämmerung begegnen sie sich. Es sieht so aus, als wolle der eine den anderen immer wieder neu verführen. Für jeden, der dieses Spiel beobachtet, eine leuchtende Inspiration.

Seitdem achtet Gott sehr genau darauf, dass alle Elemente seines Spiels die gleiche Wichtigkeit und Vielfältigkeit haben wie Tag und Nacht. In ihrer Bedeutung sind sie viel mehr als nur primitive Entweder-oder-Gegensätze. In ihrer Intensität wechseln sie sich ab wie Ein- und Ausatmen, Sommer und Winter. Jedes Mal sind sie verschieden. Durch ihr dynamisches Miteinander schaffen Tag und Nacht ständige Veränderung und unzählige Variationen. Nie lassen sie voneinander los. Ihr Spiel wäre sonst zu Ende. So bleibt ihre dynamische Harmonie sehr stabil.

Menschliche Umnachtung

*„Eine stillstehende Uhr hat doch täglich zweimal richtig gezeigt
und darf nach Jahren auf eine lange Reihe von Erfolgen zurückblicken. "*

Marie Freifrau von Ebner-Eschenbach (1830 - 1916)

Österreichische Erzählerin, Novellistin und Aphoristikerin

(Quelle: Ebner-Eschenbach, Aphorismen, 1911. Originaltext, aphorismen.de)

Wenn man sich vorstellt, dass diese Uhr genau auf 12:00 Uhr stünde, dann hätte sie von den insgesamt 1.440 Minuten jeden Tag genau zwei Treffer vorzuweisen: den Mittag und die Mitternacht. Die restlichen 719 Minuten des Tages und die restlichen 719 Minuten der Nacht blieben außen vor.

In puncto Genauigkeit verhielte es sich nicht viel anders, wenn dem Menschen nur die Entweder-oder-Frage – *„Ist es Tag oder ist es nicht Tag? "* – bzw. die daraus folgende Frage – *"Ist es Tag oder ist es Nacht? Eine dritte Möglichkeit gibt es nicht!"* – zur Verfügung stünde. Immerhin hätte die kaputte Uhr dann sogar eine Trefferquote von 100%, da sie mit 12:00 Uhr stets den Tag bzw. die Nacht präzise anzeigen würde.

Die Antworten auf derartige Entweder-oder-Fragen haben also entgegen der landläufigen Überzeugung mit Exaktheit bzw. mit Eindeutigkeit häufig nur sehr wenig zu tun. Sie gleichen eher den Zufalls-Erfolgen einer kaputten Uhr und sind somit nicht viel mehr als eine holzschnittartige Ungefähr-Bestimmung der viel komplexeren Lebenswirklichkeit.

Zum Glück aber steht den Menschen mit einer funktionierenden Uhr ein ausgezeichnetes Werkzeug und eine sehr viel genauere Frage zur Verfügung, nämlich: Wie viel Uhr ist es (exakt)? Diese Frage eröffnet einem die Möglichkeit, im Zusammenhang mit den Minuten nicht nur zwei, sondern 1.440 verschiedene Antworten zu geben. Nähme man die Sekunden hinzu, wären sogar 86.400 unterschiedliche Antworten möglich. Solch eine Frage mit solch einer Antwort nähert sich dann doch einer viel genaueren Bestimmung der Wirklichkeit und damit auch der Eindeutigkeit.

Betrachtet man Tag und Nacht ausführlicher, dann wird sehr schnell sehr deutlich, dass es weitaus mehr Zustände gibt als nur die beiden Extreme von Mittag und Mitternacht. Was wäre zum Beispiel ein Tag ohne die facettenreiche Morgen- und Abenddämmerung?

Insgesamt existieren mit den weiteren 1.438 Minuten bzw. mit den weiteren 86.338 Sekunden, die jeweils Ausdruck eines etwas anderen Mischungsverhältnisses von Tag und Nacht sind, unzählige Zwischenstufen zwischen den beiden Extremen Mittag und Mitternacht. Es existiert also nicht nur eine dritte Möglichkeit, sondern es gibt tausende weitere Möglichkeiten, die sich mit Minuten und Sekunden messen lassen. Die Frage nach der genauen Uhrzeit ist also die Frage nach dem genauen Mischungsverhältnis beider Pole. Die Antwort ist um ein Vielfaches genauer, als die Antwort auf die im Vergleich dazu äußerst primitive Entweder-oder-Frage.

Der menschgemachte Unsinn bezüglich Tag und Nacht

Anmerkung: Beim folgenden Beispiel wird der Einfachheit halber von einer Sonnenscheindauer von etwa 12 Stunden, mit dem Sonnenaufgang und dem Sonnenuntergang jeweils um 6:00 Uhr bzw. um 18:00 Uhr ausgegangen, also von ähnlichen Verhältnissen wie sie entlang des Äquators vorzufinden sind.

• Haben Sie sich schon einmal gefragt was genau die Dienstagnacht ist:

a) Die Nacht von Montag auf Dienstag?

b) Die Nacht von Dienstag auf Mittwoch?

c) Die nächtlichen Stunden dienstags von 0:00 Uhr bis 6:00 Uhr und von 18:00 Uhr bis 24:00 Uhr – also zweigeteilt als Umrahmung des Tages sozusagen?

• Antwort des Duden: „*Dienstagnacht, die: Nacht von Dienstag auf Mittwoch*". Demnach wäre also Antwort b) die zutreffende. *(© DUDEN - Das große Wörterbuch der deutschen Sprache, 4. Aufl., Mannheim 2012, CD-ROM)*

Warum ist das so? Wirklich logisch ist das nicht.

Laut Duden *(s. o.)* ist ein Tag einerseits – so die ursprüngliche indogermanische Bedeutung – der „*Zeitraum zwischen Sonnenaufgang und Sonnenuntergang, zwischen Beginn der Morgendämmerung und Einbruch der Dunkelheit*" und andererseits gilt ein Tag auch als Gesamtbezeichnung für den „*Zeitraum von Mitternacht zu Mitternacht*", also von 0:00 Uhr bis 0:00 Uhr, was den 24 Stunden eines z. B. Dienstags entspricht. Logischerweise müsste die Dienstagnacht dann von ihrer konkreten Wortbedeutung her in diesem Zeitrahmen enthalten sein, was dann aber streng genommen jeweils nur zu Beginn des Dienstags – in den 6 Stunden nach Mitternacht – und am Ende des Dienstags – in den 6 Stunden vor Mitternacht – der Fall sein könnte. Logischerweise wäre demnach Antwort c) die richtige, was nach der Duden-Definition für die Dienstagnacht aber nicht der Fall ist Denn nach dieser Erklärung werden die ersten 6 Stunden des Dienstags schlicht und einfach vernachlässigt und vollkommen übergriffig in den Beginn des Mittwochs verlegt.

Woher kommt ein derart konfuser Umgang mit einem der selbstverständlichsten Lebensbedingungen des Menschen, nämlich mit dem Wechsel von Tag und Nacht?

Tiefenpsychologisch ist dies wohl auf die einseitige Bevorzugung des Tages zurückzuführen, vielleicht herrührend aus der evolutionären Zeit, in der der Mensch in der Nacht weder über Feuer, geschweige denn über künstliches Licht verfügte. Die Nacht war damals eine äußerst Angst einflößende Zeit, der man stets weitgehend ausgeliefert war und die man innerlich deshalb am liebsten verdrängte. Jedes Mal, wenn die Nacht endlich vorbei war, konnte man im Angesicht des Tageslichts wieder beruhigt sein.

So lag die helle Phase des Tages, also der Tag in seiner ursprünglichen Bedeutung, im klaren Fokus menschlicher Aufmerksamkeit. Vermutlich bezeichnete man deshalb die gesamte 24-stündige Umdrehung der Erde um ihre eigene Achse als Tag und „umnachtete" dann die 12 hellen Stunden im Zentrum mit den jeweils 6 dunklen Stunden davor und danach.

Hätte man dagegen den Mut und die Klarheit, zu der grundsätzlichen Gleichwertigkeit (natürlich nicht Gleichheit) von Tag und Nacht zu stehen, dann würde man einen neuen Tag, zum Beispiel den Mittwoch, erst morgens um 6:00 Uhr beginnen und um 18:00 Uhr durch die Mittwochnacht fortsetzen lassen. Das wäre der neu strukturierte Mittwoch, der im Gegensatz zu allen anderen „Tagen" keine problematische Bezeichnung hätte. Der neu strukturierte Dienstag (und auch andere Tage) könnten (am sinnvollsten) zukünftig den Namenszusatz „das Taht" erhalten, was einer Mischung aus „der Tag" und „die Nacht" entspräche und was durch die neutrale Form des Artikels („das") ebenfalls unterstrichen würde. „Das Montaht", „das Dienstaht", „das Donnerstaht" etc. begännen dann jeweils mit dem Tag morgens um 6:00 Uhr, würden um 18:00 Uhr von der Nacht abgelöst und endeten am nächsten Morgen um 6:00 Uhr mit dem Beginn des nächsten „Tahts".

Wozu dieses offensichtlich sehr seltsam anmutende und mehr als gewöhnungsbedürftige Beispiel?

Nicht nur eine Entweder-oder-Haltung führt zu ungenauen Sichtweisen und einer Einschränkung der Wirklichkeit, sondern auch Einseitigkeit als solche, die zum Tunnelblick auf lediglich kleinere Ausschnitte des Ganzen führt.

Tag und Nacht sind für Menschen etwas absolut Elementares. Ihr Beispiel kann verdeutlichen, wie wichtig es in jedem Lebensbereich ist, sich einseitige Sichtweisen bewusst zu machen und sich mittelfristig von einseitigkeitslastigen Vorstellungen abzuwenden und auch Prägungen, Traditionen bzw. tiefsitzende Gewohnheiten durch sinnvollere Aspekte zu ergänzen bzw. zu ersetzen. Dies ist Ausdruck der neu gewonnenen Vielsichtigkeit und kann bei deren Umsetzung ganz einfach hilfreich sein.

Ist „der kranke Zahn" erst einmal raus, tritt relativ schnell wohltuende Erleichterung ein, da die Erfahrung der neu gewonnenen Stimmigkeit ganz einfach überwiegt und inspiriert.

Anmerkung: Das Gelingen der kognitiven Revolution hängt natürlich nicht davon ab, ob man tatsächlich die Bezeichnungen für die verschiedenen Tage in vorgeschlagener Weise verändert oder nicht. Man sollte diesem Vorschlag mit klugem Humor begegnen. Viel wichtiger ist es, das Prinzip zu verstehen und sich mit diesem Wissen auf die derzeit wirklich wichtigen Themen im Sinne von Vielsichtigkeit zu konzentrieren.

Menschliche Erhellung

Eine der klügsten Antworten auf die Frage nach dem Zusammenwirken gegensätzlicher Pole findet man in der chinesischen Philosophie (Taoismus, Begründer Laotse, 6. Jahrhundert v. Chr.) mit dem Beispiel der dynamischen Harmonie von Yin und Yang. Entstanden aus dem alles umfassenden Tao bringen beide Pole durch ihr Zusammenwirken die Welt der Vielfalt und Gegensätze hervor.

Yin und Yang bezeichnen zum Beispiel die beiden Seiten eines Berges im Sonnenlicht. Die besonnte Seite nannte man Yang und die schattige Seite Yin. Bereits bei diesem Bild wird ein wichtiger, zentraler Punkt – um den es im Wesentlichen geht – sehr deutlich: Ein und der gleiche Berg hat zwei verschiede Seiten, die zusammengehören und nicht voneinander getrennt werden können, die aber über entgegengesetzte Qualitäten verfügen: über Sonne (Yang) und über Schatten (Yin). Demnach sind Yin und Yang einerseits Gegensätze, aber anderseits sich ergänzende (komplementäre) Aspekte eines Einzigen – in diesem Beispiel eines einzigen Berges.

Der zweite zentrale Punkt im Verständnis von Yin und Yang ist deren (je nach Gegebenheit) unaufhörliches dynamisches Zusammenwirken. Im Folgenden dafür zwei Beispiele: den Wechsel der Jahreszeiten und das Miteinander von Tag und Nacht.

• Yang steht für Sonne, Licht, Tag, Wärme, Trockenheit und Sommer.

• Yin steht für Mond, Dunkelheit, Nacht, Kälte, Feuchtigkeit und Winter.

Sommer (Yang) und Winter (Yin) stehen im ständigen Wechselspiel miteinander. Frühling und Herbst sind deren Zwischenstufen. Zur Sommersonnenwende hat die Kraft des Yang (des Sommers) ihren Höhepunkt erreicht, und die Kraft des Yin (des Winters) scheint nunmehr gänzlich verschwunden zu sein. Genau das aber ist der Augenblick, in dem das Yin wieder beginnt, seinen Einfluss ganz langsam zu vergrößern, bis es im Herbst die Kraft des Yang (des Sommers) an Stärke überholt und dieses dann zur Wintersommerwende gänzlich verdrängt zu haben scheint. Das Yang aber beginnt jetzt seinerseits wiederum zu wachsen, bis hin zu seinem Höhepunkt, der Sommersonnenwende. Und dann beginnt der Kreislauf von vorne. Dieser Wechsel der Jahreszeiten stellt einen Prozess des permanenten Ineinandergreifens der beiden untrennbaren Kräfte Yin (Winter) und Yang (Sommer) dar, in deren Zyklus nicht nur die beiden Extreme – Scheitelpunkt des Winters (Wintersonnenwende) und Scheitelpunkt des Sommers (Sommersonnenwende) – ihren Platz haben, sondern auch unzählige Zwischenstufen, die jeweils einer etwas anderen Verteilung (Kombination) der beiden Kräfte Yin und Yang entsprechen. Das alles sind Stufen, in denen nicht entweder nur Yin oder nur Yang vorhanden sind. Die jeweils vorhandene Kombination dieser sich ergänzenden, komplementären Kräfte bestimmt den exakten Zeitpunkt (Monat, Tag) im Wechsel der Jahreszeiten.

Das trifft genauso auch für den Wechsel von Tag (Yang) und Nacht (Yin) zu. Es gibt nicht nur die Mitte der Nacht und die Mitte des Tages, sondern es existieren unzählige Zwischenstufen, die durch die jeweilige Kombination beider Kräfte genau bestimmt werden. Jeder einzelne Zeitpunkt am Tag bzw. in der Nacht entspricht einem exakten, immer etwas anderen Verhältnis von Tag (Yang) und Nacht (Yin).

Betrachtet man diese Beispiele, so wird die außergewöhnliche Bedeutung des Wechselspiels von Yin und Yang deutlich, die durch ihr entgegengesetztes Auf und Ab eine große Vielzahl von verschiedenen Zwischenstufen bzw. Kombinationen erzeugen, die jeweils ein Neues mit einer unverwechselbaren eigenen Qualität darstellen. Dieses Zusammenspiel von Yin und Yang – der einerseits gegensätzlichen und andererseits nicht voneinander loslassenden Extreme – kann auch als „dynamische Harmonie" bezeichnet werden.

Würde man dieses dynamische Miteinander nicht verstehen, könnte man z. B. die Auffassung vertreten, dass Yin und Yang stets in einem Mischungsverhältnis von 50 % Yin und 50 % Yang vorhanden wären. Das entspräche dann z. B. einer immerwährenden Dämmerung, was glücklicherweise so nicht ist.

Wären Yin und Yang lediglich Gegensätze im Sinne der aristotelischen (westlichen) Entweder-oder-Logik, dann müssten sich die verschiedenen Aspekte gegenseitig ausschließen und wären weder zu einer Einheit noch zu einem dynamischen Miteinander fähig. Es gäbe also entweder nur Tag oder nur Nacht, ohne die vielen Zwischenstufen. Geradeso als würde jemand künstliches Licht ein- und ausschalten. Genau das entspricht vom Prinzip her der künstlich einseitigen und damit wirklichkeitsfremden Logik des Homo sapiens. In seiner armseligen Welt gäbe es keine Sonnen-aufgänge und keine Sonnenuntergänge, keinen Silberstreif am Horizont und keine Abenddämmerung, keine kühlen Morgenstunden und keine lauen Abendstunden. Es wäre entweder grell hell oder stockdunkel, eine dritte Möglichkeit existierte nicht.

Im Gegensatz dazu erzeugt das verlässlich harmonische Zusammenspiel von Yin und Yang durch die entgegengesetzte Zu- und Abnahme eine große Vielzahl an Zwischentönen. Die beiden Extreme – entweder ganz oder gar nicht – sind dabei lediglich zwei mögliche Punkte (Aspekte) von unzählig vielen anderen Punkten (Aspekten) eines umfassenden Kreis-laufs. Yin und Yang begründen also die Welt der Vielfalt, deren jeweilige Mischung es in einer konkreten Situation zu erkennen gilt, geradeso als würde man auf seine Uhr sehen, um die entsprechende Zeit – also um das konkrete Mischungsverhältnis zwischen Tag und Nacht – ganz exakt zu bestimmen und sich anschließend in seinem Denken und Handeln daran zu orientieren. Die dazu im Vergleich äußerst ungenaue Frage aus der Entweder-oder-Welt, *„Ist es entweder Tag oder nicht Tag?"*, wäre wenig zielführend und damit völlig deplatziert.

Erkenntnis 1: *„Na und? Das ist doch eigentlich nichts Neues!" – „Rich-tig! Es entspricht ja auch der Lebenswirklichkeit, die der gesunde Men-schenverstand schon immer verspürt hat, und eben nicht der künstlichen Einseitigkeitswelt des Homo sapiens."*

Erkenntnis 2: Gegensätze „können miteinander" und können dabei eine ungeheure Vielfalt erzeugen, die alles andere als beängstigend ist, sondern – im Gegenteil – sogar eine äußerst wertvolle Bereicherung darstellt.

Erkenntnis 3: Durch das Akzeptieren und die Beachtung beider Extreme unter sorgfältiger Konzentration auf deren konkretes Mischungsverhältnis ist das Ergebnis am Ende wesentlich genauer, als eine Antwort aus dem einfältigen Entweder-oder-Modus heraus das jemals sein könnte.

Da man in der Entweder-oder-Welt des Homo sapiens gewohnt ist, die Welt in Gut oder Schlecht, in Richtig oder Falsch einzuteilen, taucht im Zusammenhang mit dem Prinzip von Yin und Yang häufig die Frage auf, welcher der beiden Aspekte von Yin und Yang denn eigentlich der besse-re sei.

- Yin-Aspekte: Frau, Dunkelheit, Nacht, Regen, Kälte, Tod …
- Yang-Aspekte: Mann, Helligkeit, Tag, Sonne, Wärme, Leben …

Es entstammt ausufernder, äußerst diskriminierender Männerfantasie (und mehr), die Bedeutung von Yin und Yang völlig zu missbrauchen. Dem-nach wäre nämlich die Sache zugunsten des Mannes vollkommen klar:

- Die „dämlichen Frauen" sind Ausdruck von Dunkelheit und Nacht, von Regen und Kälte, also schlichtweg der Inbegriff von Tod.

- Die „herrlichen Männer" dagegen sind Ausdruck von Helligkeit und Tag, von Sonne und Wärme, also schlichtweg der Inbegriff von Leben.

Eine derartige Sicht, wäre eine völlige Pervertierung des Yin-und-Yang-Prinzips. Denn in Wirklichkeit hat dieses Prinzip genau gar nichts damit zu tun, die Welt in Gut und Schlecht einzuteilen. Als Lebensprinzip sind beide Aspekte nicht nur gleichwertig, sondern sogar gleichermaßen un-verzichtbar. Ohne ihr harmonisches Miteinander existierte keinerlei Le-ben. Insofern ist die Frage, welcher der Aspekte der bessere sei, absolut fehl am Platz. Zugegebenermaßen verleitet die üblicherweise hintereinan-derfolgende Auflistung von Yin-und-Yang-Gegensatzpaaren in zwei ge-genüberliegende Spalten zu solchen Fehlinterpretationen. Deshalb ist es sehr wichtig, bei der Beschäftigung mit Yin und Yang die Entweder-oder-Brille abzusetzen.

♦ Die verschiedenen Pole (Extreme, gegensätzlichen Aspekte etc.) vereint eine prinzipielle Gleichwertigkeit. Die Nacht ist nicht besser als der Tag bzw. der Tag ist nicht besser als die Nacht! Und – für diejenigen, die das immer noch brauchen – der Mann ist nicht besser als die Frau, allerdings auch nicht umgekehrt!

Persönliche Vorlieben, die es immer wieder gibt, werden von diesem Prinzip der Gleichwertigkeit auf der einen Seite konstruktiv hinterfragt, auf der anderen Seite aber nicht verneint.

Galten nicht immer schon für viele Menschen die Kräfte der Nacht als die Kräfte des Bösen?

Gibt es aber nicht auch Menschen, die die Stille der Nacht bevorzugen

Es mag sein, dass es persönliche Vorlieben für Tag und Nacht, für Sommer und Winter und all die anderen Gegensätze gibt. Diese haben aber überhaupt nichts damit zu tun, dass ganz allgemein der Tag besser als die Nacht ist oder umgekehrt. Biologisch ist eines völlig klar: Wir brauchen auf dieser Erde zum Überleben gleichermaßen beide Elemente, wie auch viele andere Gegensätze. Keines von beiden ist besser als das andere.

Erkenntnis 4: Yin und Yang sind völlig gleichwertig und gleichermaßen unverzichtbar in ihrem ständigen Wechselspiel miteinander, genauso wie z. B. das Ein- und Ausatmen. Kein gesunder Mensch käme jemals auf die Idee, für längere Zeit nur eines von beiden tun zu wollen.

Yin und Yang werden durch die Farben Schwarz und Weiß dargestellt, was in der Erklärung des Prinzips auch Sinn ergibt. Die Wirklichkeit aber ist eine „bunte Vielfalt", auf die es dieses Prinzip zu übertragen gilt.

Fazit: Komplementarität und Vielsichtigkeit

Folgende Erkenntnisse können aus dem bisher Gesagten gewonnen werden:

• Eine ausschließliche Fixierung auf die heute immer noch vorherrschende aristotelische Logik, also auf die Ergründung der Wirklichkeit nach dem Entweder-oder-Ausschlussverfahren führt an erster Stelle in allen nicht mathematischen, z. B. in gesellschaftlichen Zusammenhängen zu einer sehr einfältigen und ungenauen Sicht, die weit entfernt von (möglichst) präzisen bzw. eindeutigen Aussagen über die Wirklichkeit ist.

• Eine vielsichtige, komplementäre Sicht führt zum Erkennen einer großen Vielfalt und Reichhaltigkeit.

• Grundsätzlich müssen beide Pole (Extreme, Gegensätzlichkeiten, Unterschiede etc.) als vorhanden und als wirkungsreich erkannt und anerkannt werden.

• Grundsätzlich muss das Potenzial einer großen Vielzahl von Zwischenstufen (also verschiedene Mischungsverhältnisse, „dritte Möglichkeiten", „Graustufen" etc.) erkannt und anerkannt werden.

• Durch eine möglichst genaue Analyse der jeweils konkreten Situation muss der exakte Einfluss beider Pole, also deren genaues Mischungsverhältnis (z. B. *„Wie viel Uhr ist es exakt?"*) bestimmt werden.

• Grundsätzlich darf nicht ausgeschlossen werden, dass auch einmal einseitige Extreme (wie z. B. Mittag oder Mitternacht) zutreffen können. Dies kann eine Analyse im obigen Sinn durchaus ergeben.

• Durch die Bestimmung des möglichst präzisen Mischungsverhältnisses der unterschiedlichen Einflussfaktoren bei komplexeren Zusammenhängen kann eine wesentlich größere Annäherung an die Wirklichkeit gelingen.

♦ **Vielsichtigkeit** bedeutet, verschiedene, auch gegensätzliche Einflussfaktoren grundsätzlich zuzulassen, diese zu erkennen und deren genaues Mischungsverhältnis in Bezug auf ihre Einflussnahme auf die konkrete Situation zu bestimmen.

♦ **Globale Intelligenz** bedeutet, in möglichst jedem Lebensbereich die durch eine vielsichtige kognitive Vorgehensweise gewonnenen Erkenntnisse in den jeweiligen Kontext sinnvoll einzuordnen und im Denken und Handeln zu berücksichtigen.

Befreiung durch Vielsichtigkeit

Wenn deine Augen eine schöne Frau erblicken,
schlag sie nieder!
Alte Mönchsregel (Quelle unbekannt)

Zum Glück ist dem Menschen die grundsätzliche Fähigkeit zur Vielsichtigkeit vergönnt. Er kann z. B. die Mehrdeutigkeit von Aussagen (hier: Aufforderung zur Gewalt und zum Wegschauen) erkennen. Globale Intelligenz, die in den folgenden Bänden weiter vertieft wird, geht darüber hinaus und ermöglicht auf der Grundlage vielsichtiger Kenntnisse eine der jeweiligen Situation angemessene Bewertung (hier: Wegschauen).

Beispiel: Gewaltdarstellungen in Filmen

Am folgenden Beispiel wird deutlich, welch positiven Folgen es vor allem auch im wissenschaftlichen Kontext hat, wenn man Wissenschaftler von ihrem zwanghaften Entweder-oder-Denken befreit.

Über mehrere Jahrzehnte hinweg war die wissenschaftlich meist untersuchte Frage: *Machen Gewaltdarstellungen in Filmen aggressiv?*

Dabei hatten sich im Laufe der unzähligen Untersuchungen mehrere Lehrmeinungen mit gegensätzlichen Aussagen unversöhnlich gegeneinander positioniert: Die eine Gruppe Forscher wollte bewiesen haben, dass Gewaltdarstellungen in Filmen aggressiver machen. Eine andere Gruppe behauptete das Gegenteil, nämlich dass Aggressionen verringert würden. Eine dritte Gruppe Wissenschaftler behauptete, dass Ihre Ergebnisse ganz klar für ein unverändertes Aggressionspotenzial sprächen.

Die meisten der vorgelegten Studien entsprachen wissenschaftlichen Kriterien und konnten nicht als manipuliert eingestuft werden. Wie also konnten derart unterschiedliche wissenschaftliche Ergebnisse entstehen?

Nach jahrzehntelangen verbitterten Entweder-oder-Auseinandersetzungen wurde die Lösung des unsäglichen Problems durch den kanadischen Psychologen Albert Bandura (geb. 1925) angestoßen. Demnach sind abhängig von der konkreten Situation alle Reaktionen – auch in unterschiedlicher Stärke – möglich. Das hängt von ganz verschiedenen Einflussfaktoren ab: von persönlichen Faktoren (z. B. eigenen Erfahrungen mit Gewalt und der momentane Stimmung), von gesellschaftlichen Faktoren (z. B. vom Einfluss des jeweiligem Lebensumfelds), von medialen Faktoren (z. B. der Verherrlichung oder kritischen Darstellung von Gewalt) und von den Rahmenbedingungen beim Ansehen der Szenen (z. B. von den Reaktionen der anderen Zuschauer). Zum Beispiel können die Aggressionen eines zutiefst frustrierten, grundsätzlich gewaltbereiten Menschen gesteigert, und die eines eher friedliebenden Zuschauers ähnlich wie beim Sport abgebaut werden. Man muss kein erfahrener Wissenschaftler sein, um den Einfluss derartiger Faktoren ahnen zu können. Die Fixierung aber auf ein starres Entweder-oder und der zwanghafte Ausschluss jedweder weiterer Möglichkeit haben eine kluge, vielsichtige Antwort im Namen der vorherrschenden wissenschaftlichen Logik lange Zeit gnadenlos verhindert.

Vielsichtigkeit ermöglicht die äußerst inspirierende und fruchtbare Sicht auf eine Welt, die nicht länger durch die Einseitigkeitsbrille, also durch das Zwangskorsett der Entweder-oder-Sicht – die an Ausstechförmchen beim Backen erinnert, mit denen aus der großen Teigplatte kleine, hübsch anzusehende Figürchen ausgestochen werden können – in ihrer Erscheinung gnadenlos beschnitten wird. Die Vielfalt der Wirklichkeit kann möglichst umfangreich belassen werden. Durch die Konzentration auf zumindest die wichtigsten Einflussfaktoren und durch das Akzeptieren von Zwischentönen kann das Denken und Handeln entscheidend befruchtet werden. Plötzlich, wenn man Gegensätze nicht länger unterdrückt, fällt es einem wie Schuppen von den Augen, wie unglaublich primitiv und strohdumm so viele Auseinandersetzungen heutzutage sind, die im Großen wie im Kleinen geführt werden. Vielsichtigkeit in Kombination mit Globaler Intelligenz ermöglicht in allen Lebensbereichen eine kluge Auseinandersetzung und einen fruchtbaren Lösungsfindungsprozess.

An dieser Stelle soll ein jeder Leser dazu inspiriert werden, die Augen zu öffnen und in seinem Umfeld so viele Beispiele wie möglich für diese Zusammenhänge zu erkennen. Man sollte sich dabei nicht wundern, wie zahlreich sie sind. Genau das sind fortan die persönlichen Ansatzpunkte.

Auch deshalb werden im Rahmen dieses Bandes keine weiteren Beispiele angeführt. Bei Interesse findet man diese in den bisherigen Bänden.

Auf zwei wichtige Phänomene, die im Rahmen von Vielsichtigkeit eine wichtige Rolle spielen, soll allerdings noch hingewiesen werden:

♦ **Die Dosis macht das Gift** (frei nach Paracelsus, ca. 1493-1541).

Dinge tragen nicht nur ganz von allein eine Vielfalt in sich, sondern diese kann durch die Konzentration, in der die Dinge vorkommen, entscheidend erweitert werden. Es gibt in der Natur z. B. nicht wenige Stoffe, die in ganz geringer Dosis Nahrung, in erhöhter Dosis Medizin, in grenzwertiger Dosis Droge und in zu hoher Dosis tödliches Gift sein können. In diesem Fall also ist etwas von seiner Wirkung her nicht grundsätzlich positiv oder grundsätzlich negativ, sondern das hängt von der konkreten Dosis ab.

♦ **Die Wirkung von etwas kann abhängig vom Zeitpunkt sein.**

Die heutige Chronobiologie beschäftigt sich mit der so genannten inneren Uhr des Menschen, mit den biologisch bestimmten Zyklen und Rhythmen innerhalb des menschlichen Organismus im 24-Stunden-Rhythmus und deren Einfluss auf zum Beispiel Krankheiten. Die Chronopharmakologie erforscht die Abhängigkeit der Medikamenten-Wirkung von diesen Schwankungen. Inzwischen haben Studien gezeigt, dass sowohl Krankheiten als die Wirkung von Medikamenten deutlich vom entsprechenden Einfluss des so genannten Bio-Rhythmus abhängen. 2017 ging der Nobelpreis in Medizin an drei Forscher, die sich schon länger mit genau dieser Thematik beschäftigen.

Verschiedene Krankheitssymptome treten zu bestimmten Tageszeiten besonders stark in Erscheinung. Dann wäre die entsprechende Medikamentengabe besonders wirkungsvoll, während gleiche Medikamente zu anderen Zeitpunkten vielleicht sogar negative Wirkungen haben können. Die Einnahme „dreimal täglich" kann also äußerst kontraproduktiv sein. Heute ist in entsprechenden Forscherkreisen bekannt, dass es bei der Chemotherapie zur Bekämpfung von Krebserkrankungen Zeitpunkte gibt, in denen die Nebenwirkungen sehr gering und die Wirkung aufgrund einer viel höheren möglichen Dosierung wesentlich besser ist. Für die auf Chemotherapie angewiesenen Menschen ist es ein verhängnisvolles Drama, dass ihr behandelnder Arzt wohl noch lange keine Kenntnis davon hat.

Im Gegensatz zu diesem Trauerspiel können einen die neuen, vor allem auch selbst gewonnenen Erkenntnisse aufgrund eigener vielsichtiger Denk- und Vorgehensweise geradezu beflügeln. Sie haben das Potenzial, dass man selber erfüllter dem Leben begegnet. Dabei ist es wichtig, den Fokus seiner emotionalen Aufmerksamkeit vor allem auf das zu richten, was bereits sinnvoll hat verändert werden können, ohne natürlich den noch ausstehenden, dringend notwendigen Wandel zu verdrängen. Man sollte sich allerdings dadurch nicht entmutigen lassen, hält man doch den Schlüssel in der Hand, in die bekannte, fruchtbare Richtung weiter zu gehen. Man weiß, wo der Berg steht, man weiß wie hoch der Gipfel und wie anspruchsvoll der Weg dorthin ist, man weiß aber auch, dass man vor allem gemeinsam den Weg Schritt für Schritt – durchaus zügig – meistern kann. Warum sich also verrückt machen?

Die kommenden Jahre werden eine äußerst bereichernde Phase in der Entwicklung der Menschheit sein. Dann nämlich, wenn in allen Lebensbereichen durch die Mitwirkung von immer mehr Menschen die Kenntnisse sprudeln und zu neuem, wesentlich sinnvollerem Handeln inspirieren.

Sogar der Skandal der Philosophie [aus griechisch „philó-sophos" ≈ „Freund der Weisheit"] – auch in dieser existenziellen Sinnkrise des Homo sapiens zu Beginn des 21. Jahrhunderts aufgrund fehlender verbindlicher substanzieller Erkenntnisse keinerlei lebenstaugliche Orientierung geben zu können – lässt sich durch Vielsichtigkeit überwinden. Endlich müssen die zahlreichen, häufig sogar gegensätzlichen philosophischen Erkenntnisse nicht länger gegeneinander ins Feld geführt werden, sondern lassen sich zu einer wirkungsvollen, grandiosen philosophischen Weltsicht ergänzen. Und wenn sogar mehr und mehr Philosophen zu jubilieren beginnen, spätestens dann werden es ihnen unzählige Wissenschaftler nachmachen können. Der gesunde Menschenverstand wird dies gebührend begrüßen.

Der größte Feind des Wissens ist laut Stephen Hawking ja nicht die Unwissenheit, sondern die Illusion, wissend zu sein *(s. S. 51)*. Es ist genau jetzt an der Zeit, diesen selbst auferlegten Fluch des Homo sapiens ein für alle Male zu durchbrechen. Was dann kommt, kann nur besser sein!

● *„Lass die andern sich verändern und bleib so wie du bist"*, so der Refrain in dem Stück *„So wie du bist"*, vom deutschen Rapper Mo Trip *(Mohamed El Moussaoui, geb. 6.3.1988 in Beirut, Libanon)*.

Man sollte sich darüber im Klaren sein, dass dieser Appell allenfalls die bewahrenswerten Seiten eines Menschen betrifft, nicht aber alles andere. Als „lernendes Wesen" sollte ein Mensch bis zu seinem letzten Atemzug dazu bereit sein, dazuzulernen und sich dementsprechend zu verändern.

Anleitung zur kognitiven Revolution

„Der Nachteil von Intelligenz ist,
dass es weh tut, wenn man sich dumm stellt.
Einfalt schützt vor diesem Schmerz,
deshalb sind intelligente Menschen
dummen Menschen in der Politik oft unterlegen. "

Jan Fleischhauer
(„Brexit-Verhandlungen, Wie sich eine Nation zum Trottel macht ", 18.10.18, spiegel.de)

„Wir sollten sicherstellen, dass die Weisheit gewinnt. "

Stephen Hawking
(Aus dem letzten Buch, „Kurze Antworten auf große Fragen ", nach: haz.de, 16.10.2018)

Die heute notwendigen Revolutionen verlangen sofortige Bemühungen und Veränderungen sowohl bei jedem selber als auch gesamtgesellschaftlich. Niemand sollte noch länger warten, wenn er es selber ernst mit Veränderungen meint und künftig diesbezüglich selber ernst genommen werden möchte. Die Veränderungen beginnen im eigenen Denken und dem daraus resultierenden notwendigen Handeln. Im folgenden Text werden die wichtigen Schritte konkret benannt.

Kognitive Revolution bedeutet, dass ab sofort jeder Einzelne in Bezug auf sein eigenes Denken und Handeln, in Bezug auf die Vorgehensweisen in seinem konkreten Lebensumfeld und in Bezug auf das gesamtgesellschaftliche, politische Geschehen darauf achtet, dass die verhängnisvolle Einseitigkeit überwunden und dass klugen vielsichtigen Vorgehensweisen ganz konkret die Tür geöffnet und der Weg bereitet wird.

Das aber funktioniert nur dann, wenn man neben seinem persönlichen Bemühen den Mut und die Klarheit aufbringt, auch im Rahmen seiner Möglichkeiten Einfluss auf andere zu nehmen. Das sollte nichts mit persönlicher „Gesinnungspolizei" oder Ähnlichem zu tun haben. Es kann bzw. darf einzig darum gehen, andere Menschen zu vielsichtigem Denken und Handeln zu inspirieren und zu bewegen. Allerdings schließt das nicht aus, dass im Rahmen des eigenen Entscheidungsrahmens Vielsichtigkeit unmissverständlich und konsequent umgesetzt wird und darüber hinaus im

Rahmen gesellschaftlicher Einflussnahme ebenso konsequent mit Nachdruck eingefordert wird. Jede Stimme, die sich lautstark erhebt, ist wie ein Stück Brennholz zur dringenden Befeuerung dieses Prozesses.

Dafür sind folgende Schritte unverzichtbar:

● *Bewusstmachung der Relativität von Wahrnehmung und Erinnerung*

Die Relativität von Wahrnehmungs- und Erinnerungsinhalten muss erkannt und anerkannt werden. Die grundsätzliche Bereitschaft, andere in den eigenen Wahrnehmungsprozess mit einzubeziehen, ist unverzichtbar. Durch gegenseitigen konstruktiven Austausch der verschiedenen Perspektiven und durch Ergänzung der eigenen Sicht kann das Bild von der Wirklichkeit entzerrt und komplementiert werden.

● *Prägungen erkennen und überwinden*

Man sollte sich seiner individuellen Prägungen auch durch den konstruktiven Austausch mit anderen bewusst werden und negative Aspekte Schritt für Schritt überwinden.

● *Traditionsblindheit erkennen und überwinden*

Alle Traditionen müssen mit besonnenem Respekt, aber auch mit tabuloser Klarheit hinterfragt und bei Bedarf relativiert oder beherzt verändert bzw. sogar komplett abgeschafft werden. Letztendlich darf keine Kultur und keine Religion von diesem Prozess ausgenommen werden. Die Zukunft der Menschheit hängt davon ab, dass bereits in der Gegenwart unsinnige Handlungen unterlassen werden. Globale und Spirituelle Intelligenz gebieten derartige Aufarbeitung jahrtausendealter Strukturen und Bräuche. Möglicherweise helfen als Übergang „Ersatzrituale", die keine schädlichen Folgen mehr nach sich ziehen, aber die Sehnsucht der Menschen nach rituellen Handlungen stillen können.

● *Einseitigkeit als grundsätzliches Problem erkennen und verstehen*

Die Problematik einseitiger Sicht- und Handlungsweisen muss erkannt und verstanden, anschließend angemessen auf sie reagiert werden: weg vom ausschließenden Entweder-oder-Denken und hin zum umfassenden Sowohl-als-auch-Denken. Von jetzt an sollte man sich in allen Lebensbereichen unerschrocken gegen einseitige Sichtweisen wenden.

● *Einsichtige Weltsichten konkret entdecken und überwinden*
Weder der Einzelne noch die Gesellschaft als Ganzes kann sich zukünftig weiterhin einseitige Weltsichten leisten. Diesbezüglich muss letztendlich alles auf den Prüfstand. Natürlich sollen Menschen mit einer ganz anderen Meinung angehört und deren sinnvollen Ansätze angemessen berücksichtigt werden, was aber niemals bedeuten darf, in Gänze und voller Ausschließlichkeit für einseitige Weltsichten und entsprechendes Gebaren offen zu sein bzw. diese zu fördern. Einseitigkeit muss auf jeder Ebene identifiziert und dann wirkungsvoll begegnet werden.

● *Bewusstmachung geschlossener logischer Systeme*

Es ist geradezu vordringlich, das verheerende Prinzip geschlossener logischer Denksysteme zu erkennen und zu verstehen.

Man sollte sich selber stets neu nach möglicherweise eigener unreflektierter Unterordnung unter einseitige Ausgangspunkte und den darauf aufbauenden Denksystemen hinterfragen und überprüfen, und zwar auf jeder Ebene: zum Beispiel was die eigene Familie, den Sportverein und die eigene politische Ausrichtung anbetrifft. Es bedarf einer intensiven Auseinandersetzung mit dieser Thematik und dringend den tabulosen Austausch mit anderen. Häufig sind gegenseitige Bewusstmachung und mutige, glasklare Hilfestellung bei der Überwindung solcher verheerenden Denksysteme unerlässlich. Das, was für einen selber gilt, gilt natürlich in gleicher Deutlichkeit auch für alle gesellschaftlichen Prozesse. Überall und zu jeder Zeit sollte man sich und sein Umfeld auf die Gefahr solcher zwanghaften Denksysteme überprüfen.

● Das Prinzip der Vielsichtigkeit verstehen und anwenden

Insgesamt muss in jedem Lebensbereich auf Vielsichtigkeit geachtet und ausdrücklich auf eine solche Denk- und Vorgehensweise Wert gelegt werden. Gegensätze müssen grundsätzlich als Einflussfaktor erkannt und anerkannt werden – ebenso wie deren unzählige Mischungsverhältnisse. Durch glasklare Analyse muss das jeweilige Verhältnis präzise bestimmt und in Bezug auf Denken und Handeln berücksichtigt werden. Derartige Vielsichtigkeit kann eine starke Inspiration im Umgang mit anderen Menschen sein. Sie sollte ohne Kompromisse von einem selber praktiziert und von anderen eingefordert werden.

● *Beachtung möglicher Fallgruben*

▪ Vielsichtigkeit alleine, also das Erkennen möglichst vieler – zumindest wichtiger – Einflussfaktoren hat nur einen bedingten Wert. Erst das angemessene Abwägen in der konkreten Situation und die sinnvolle Einordnung in den entsprechenden Kontext lässt Vielsichtigkeit zu Globaler Intelligenz werden und ermöglicht ein wirklich kluges Vorgehen.

▪ Es gibt nicht wenige Menschen, die im Austausch mit anderen aus Gründen der Selbstdarstellung – fast zwanghaft – stets vehement das Gegenteil behaupten. Einerseits sind sie sich zwar bewusst, dass auch gegenteilige Aspekte eine Bedeutung haben – „*Keine Rose ohne Stacheln*" –, sind aber weder willens noch denkerisch dazu in der Lage, mit diesem Wissen konstruktiv umzugehen. Außerdem geht es ihnen überhaupt nicht um fruchtbare Kommunikation mit dem Ziel einer angemessenen Lösungsfindung, sondern lediglich darum, selber als besonders klug dazustehen. Derartiges Verhalten hat nichts mit Vielsichtigkeit im positiven Sinn bzw. mit Globaler Intelligenz zu tun, sondern viel mehr mit Dreistigkeit und muss deshalb konsequent abgelehnt und aufgedeckt werden.

▪ Das Entweder-oder-Dilemma bedeutet, dass man sich der Vielfalt der Möglichkeiten mehr und mehr bewusst wird, dann aber nicht den Mut aufbringt, die Entweder-oder-Sicht komplett zu verlassen. Infolgedessen springt man viel zu kurz, was einen verheerenden Umgang mit der Vielfalt nach sich zieht. Aus der verbissenen Sicht einer strengen Entweder-oder-Logik bedeutet nämlich das Zulassen auch des Gegenteils, dass infolgedessen logisch gesehen alles richtig bzw. alles falsch sein kann, dass es also keine verbindlichen, das heißt keine (einseitig) eindeutigen Antworten mehr gibt. Nach dem Motto, „*Von nun an ist alles egal*", bringt das nicht wenige dazu, die Frage, was wahr und was unwahr ist, selber in die Hand nehmen. Fortan wird das von einem selber bestimmt: nach eigenem Gutdünken und zum eigenen Vorteil, ohne länger Rücksicht auf Fakten zu nehmen. So wird der Schritt zu konstruktiver Vielsichtigkeit und zu Globaler Intelligenz nicht nur verpasst, sondern in der Folge auch verhindert und der Rückzug zu ultra-einseitigen Standpunkten eingeleitet.

• Bei Menschen, die das Prinzip der Vielsichtigkeit zwar verstanden, im Umgang aber vielleicht noch nicht so erfahren und ein Stück weit unsicher bzw. verkrampft sind, besteht die Gefahr des Endlosdiskutierens. Immer wieder werden angesichts der Komplexität neue Aspekte angeführt und so die Entscheidungsfindung verhindert. Dabei geht es einerseits natürlich um die Berücksichtigung möglichst vieler Aspekte, andererseits aber auch nicht um die Verstrickung in Unübersichtlichkeit. Auch Vielsichtigkeit kann keine (vollkommene) Objektivität liefern, wohl aber eine wesentlich größere Annäherung an die Wirklichkeit als bisherige einseitige Vorgehensweisen. Auf Perfektion darf im Interesse einer praxistauglichen Umsetzung nicht bestanden werden, wohl aber auf Gewissenhaftigkeit in Bezug auf die Berücksichtigung wichtiger Einflussfaktoren.

● Die persönliche Voraussetzungen

• Das eigene Blickfeld erweitern. Man muss dazu bereit sein, sein eigenes Blickfeld zu erweitern.

• Grundsätzliche Bereitschaft zum Lernen. Unterschiedliche bzw. gegensätzliche Standpunkte sollten nicht als Angriff, sondern als Bereicherung erfahren werden.

• Die unverzichtbare Selbsterkenntnis, dass es von der eigenen Sinnerfahrung abhängt, ob man die Vielfalt als verwirrende Bedrohung oder als Bereicherung erfährt.

♦ Wie bereits erwähnt, beginnen die Veränderungen im eigenen Denken und Handeln genau jetzt. Darüber hinaus sollte Vielsichtigkeit in jedwedem gesellschaftlichen Kontext lautstark eingefordert werden. Jeder Einzelne ist dabei unersetzlich. Man darf zum Beispiel Wissenschaftlern, Politikern, Unternehmensführern oder auch religiösen Führern nicht länger einseitige Sicht- und Handlungsweisen durchgehen lassen. Dabei sollte man sich stets darüber im Klaren sein, dass dies wie ein „Kampf gegen Windmühlen" sein kann, so lange die entsprechenden Personen nicht dazu bereit sind, ihr geschlossenes Denksystem zu verlassen. Häufig fehlt ihnen der Mut dazu, da sie u. a. befürchten, sich mit solch einem Schritt vor anderen bloß zu stellen.

Als Gegenpart sollte man sich allerdings davor hüten, sich zum Teil ihres Denksystems machen zu lassen, auch wenn die eigenen Argumente unentwegt an der unüberwindlichen Wand ihrer Argumente abprallen. Es darf nur darum gehen, auf den unzureichenden, alles bestimmenden Ausgangspunkt hinzuweisen und dadurch das komplette Denksystem in Frage zu stellen. Am Ende kann man nur hoffen, dass die eigene Beharrlichkeit – auf welcher Ebene auch immer – eines Tages Früchte trägt.

Wenn zunehmend mehr Menschen dazu bereit sind, jetzt die Gestaltung der Welt im Sinne von Vielsichtigkeit und Globaler Intelligenz anzugehen bzw. von den Entscheidern eindringlich zu verlangen, dann ist es überhaupt keine Frage, dass sich in allen Lebensbereichen sinnvolle Veränderungen manifestieren werden. Vom Einzelnen bis hin zum Spezialisten, ein jeder hat auf seinem Gebiet entscheidenden Einfluss auf die Geschicke der Menschheit und der Welt. Die Macht des Einzelnen wird zur Macht der Gesellschaft.

Auch wenn die angemahnten, in diesem Text konkret formulierten notwendigen Veränderungen im Denken und Handeln (sowohl persönlich als auch gesamtgesellschaftlich) eher unscheinbar bzw. unspektakulär daherkommen – eigentlich kennt der gesunde Menschenverstand das alles schon –, so wird die konkrete praxisnahe Hinwendung zur Vielsichtigkeit in möglichst vielen Lebensbereichen am Ende die Welt komplett verändern und sie zu einer wesentlich klügeren machen. Die Menschheit hat sehr viel zu verlieren, allerdings nur dann, wenn sie diesen Weg nicht beschreitet.

Die kognitive Revolution hat bereits begonnen. Dieses Handbuch ist Ausdruck davon. Ziel und Richtung sind unmissverständlich vorgegeben.

Ducken Sie sich nicht weg, machen Sie jetzt mit und werden Sie Teil davon. Sie werden dringend gebraucht!

YAEOLO!

Die Schriftenreihe
Globale Intelligenz
www.gloint.de

Die Schriftenreihe „Globale Intelligenz" bietet in den Wirren zu Beginn des 21. Jahrhunderts Erkenntnisse an, die bei der Überwindung der Vielzahl an Problemen Anregung, Orientierung und Kristallisationspunkt bieten. Sie ist eine Einladung an jeden, auf der Basis von Vielsichtigkeit und Globaler Intelligenz im Rahmen weltumspannender Kooperation mit seinem Wissen und seinen Fähigkeiten – genau dort wo er steht, gemeinsam mit denen, die mitmachen – seinen unverzichtbaren Beitrag zu leisten.

Yaeolo – You and earth only live once. Mach was draus!

In der Schriftenreihe sind bisher erschienen:

♦ **Die Trilogie Terror sapiens (2017)**

▪ *„Terror sapiens I – Von der Einfalt zur Vielfalt"*

▪ *„Terror sapiens II – Terror ist logisch"*

▪ *„Terror sapiens III – Spirituelle Intelligenz"*

♦ (Bisheriges) **Hauptwerk (2018)**

„Das Ende des Wahnsinns – Globale Intelligenz statt Terror sapiens"

In der Schriftenreihe sind bisher erschienen bzw. erscheinen in Kürze:

♦ **Die Handbuchsammlung „Revolutionen" (2018 / 2019)**

▪ *„Handbuch Kognitive Revolution – Der vielsichtige Mensch"*

▪ *„Handbuch Soziale Revolution – Die vielsichtige Gesellschaft"*

▪ *„Handbuch Humanitäre Revolution – Die Globale Intelligenz"*

▪ *„Handbuch Ultimative Revolution – Die Menschensonne"*

Terror sapiens I

Von der Einfalt zur Vielfalt

Die häufig sehr einseitige Sicht- und Denkweise der Menschen ist das zentrale Problem der Menschheit zu Beginn des 21. Jahrhunderts. Sie ist für die meisten der großen und kleinen Probleme in der Welt an jeweils entscheidender Stelle verantwortlich. Die verheerenden Folgen lassen sich in allen Lebensbereichen beobachten.

Wer den Wahnsinn in der Welt endgültig überwinden will, muss diese Einseitigkeit des Menschen überwinden. Nur so lassen sich die anstehenden Aufgaben sinnvoll und erfolgreich bewältigen.

Im Band I der Trilogie „Terror sapiens", „Von der Einfalt zur Vielfalt", wird auf zugleich ernsthafte und unterhaltsame Weise die beindruckende Vielfalt in der Welt, die das Erfolgsrezept der Natur schlechthin ist, kulturübergreifend an zahlreichen lebensnahen Beispielen dargestellt und dem Misserfolgsprinzip des so genannten Homo sapiens, also seiner gnadenlosen Einseitigkeit, gegenübergestellt. Dabei geht es zum Beispiel um Themen wie die Rolle von Mann und Frau, die kulturell ganz unterschiedlichen Sichtweisen auf die Hautfarbe der Menschen, auf deren Tischsitten und Toilettengewohnheiten, auf deren Traditionsblindheit und Flirtverhalten, um die grundsätzliche Begrenztheit der eigenen Wahrnehmung und die Macht von Vorurteilen, die faszinierende Sicht der Weltraumfahrer auf die Welt und die durch Medien beschnittene Wirklichkeit.

Untermauert mit zahlreichen Erkenntnissen aus der Wissenschaft wird das Fundament gelegt für Vielsichtigkeit und globale Intelligenz, die Markenzeichen des vielsichtigen Menschen, des Homo multividus.

Terror sapiens II

Terror ist logisch

Die verhängnisvolle Einseitigkeit vieler Menschen, die Unterwerfung ihres Denkens unter das starre Entweder-oder-Korsett und damit die ungenügende Berücksichtigung der vielfältigen Wirklichkeit verursachen in den unterschiedlichsten Lebensbereichen eine Vielzahl an Problemen.

Der Band II der Trilogie „Terror sapiens", „Terror ist logisch", beschäftigt sich mit dem immer wieder gleichen Prinzip, das z.B. terroristischen und anderen Gewaltakten zugrunde liegt. Es sind geschlossene logische Systeme, die auf einseitigen Grundannahmen beruhen und durch logisch abgeleitete Schlussfolgerungen zu ebenso einseitigem Handeln führen.

Wer zum Beispiel felsenfest davon überzeugt ist, dass nur sein eigener Gott der einzig wahre Gott ist, für den ist es am Ende logisch, seine Waffe gegen andere zu erheben, die nach seinem Verständnis ja keinen anderen Gott, sondern schlicht und einfach den Teufel anbeten. Im Krieg wird den Soldaten häufig eingeredet, dass die Gegner minderwertig sind und man das Recht hat sie zu töten. Jeder Hooligan ist von seiner Mannschaft als einzig wahrer überzeugt und sieht sich völlig im Recht, andere zu bekämpfen. Terror ist immer menschgemacht. Es ist die Einseitigkeits-Dummheit des angeblichen Homo sapiens in Bezug auf den Umgang mit der Vielfalt, die zu Terror, Krieg, Gewalt und vielem mehr führt, eben zu Terror sapiens. Geschlossene logische Systeme sind in der Lage, Menschen auf dramatische Weise umzupolen: vom Durchschnittsbürger zum Besessenen, bis hin zum Blutrausch-Täter.

Zahlreiche ganz konkrete Beispiele verdeutlichen dieses Prinzip: Verhältnis Mensch-Tier, Fußball, Nationalsozialismus, NATO-Osterweiterung, Ruanda, islamistischer Terror, Terror in Paris, Breivik und andere.

Terror sapiens III

Spirituelle Intelligenz

Im Rahmen der Schriftenreihe Globale Intelligenz spielt der Band „Terror sapiens III – Spirituelle Intelligenz" eine zentrale Rolle.

Das grundlegende Verständnis für das Prinzip der Vielfalt, für das fruchtbringende, dynamisch harmonische Miteinander von Unterschieden und Gegensätzen wurzelt nicht nur in den gemeinsamen Erfahrungen mit Menschen aus vielen verschiedenen Kulturen, sondern vor allem auch in den Kenntnissen spiritueller Zusammenhänge. Das allumfassende „Tao" und seine Elemente „Yin und Yang" verdeutlichen dieses Prinzip am klarsten. Aber auch in allen bekannten Religionen kann die absolute Wahrheit – die höchste Wirklichkeit, der Urgrund, das ewige Weltgesetz, das Nirvana, die belebte Leere, Brahman, Allah, Java, Gott usw. – als nicht beschränkt, als allumfassend und als Inbegriff der allgegenwärtigen Vielfalt, der „Allwirklichkeit", verstanden werden.

Verheerend wird es aber immer dann, wenn die jeweiligen Vertreter und Anhänger einer Religion diese Vielfalt missachten, ihren Glauben als einseitige Weltsicht missbrauchen und sich ausschließlich auf das Trennende konzentrieren. Eine chinesische Weisheit besagt zu Recht: *„Der Kluge sieht das Gemeinsame in den verschiedenen Religionen, der Dummkopf die Unterschiede."* Genau das erzeugt nämlich die scheinbare Unversöhnlichkeit der Verschiedenheit mit all den Folgen: Streit, Ausgrenzung, Unterdrückung, Gewalt, Terror und Krieg. Solange es keine intelligente Befriedung der verschiedenen Religionen gibt, solange kann es keine Befriedung der Menschheit geben. Deshalb ist spirituelle Intelligenz künftig unverzichtbar. Zahlreiche Beispiele verhelfen zu einer neuen, völlig unvoreingenommenen Sicht auf das Wesen von Spiritualität.

Das Ende des Wahnsinns

Globale Intelligenz statt Terror sapiens

Dieser Band ist ein Wegweiser für den Umgang mit dem Wahnsinn des 21. Jahrhunderts. Er bietet als Essenz der Schriftenreihe „Globale Intelligenz" eine Zusammenfassung aller relevanten Schlüsselthemen. Der Leser erhält einen umfassenden, konzentrierten Überblick über die Prinzipien der Vielsichtigkeit und der Globalen Intelligenz und deren fundamentale Bedeutung für die zukünftig im Zentrum des gesellschaftlichen Miteinanders stehende Kooperation der Menschen. Es sind zentrale Punkte der Trilogie Terror sapiens in resümierter und aktualisierter Form enthalten, aber auch zahlreiche darüber hinausgehende neue Themen.

Zunächst wird der unfassbare Wahnsinn der Menschen zu Beginn des 21. Jahrhunderts in ganz verschiedenen Bereichen anhand von Fakten verdeutlicht: Von Waffenbesessenheit, Krieg und Terror, über den Skandal des unersättlichen Reichtums Weniger und den daraus resultierenden millionenfachen menschlichen Tragödien, bis hin zum absolut unverantwortlichen Umgang der Menschheit mit ihrer einzigen Heimat Erde.

Damit dieser Wahnsinn überwunden und beendet werden kann ist die Einsicht der Menschen in die gnadenlose Einseitigkeit ihres Denkens und Handelns unverzichtbar. Es gilt die Vielfalt als das Erfolgsprinzip der Natur zu erkennen und dieses Prinzip durch Vielsichtigkeit auf das Wirken der Menschen zu übertragen. Durch Globale Intelligenz lässt sich so der Wahn des Homo sapiens ein für alle Male überwinden.

In den dann folgenden Kapiteln wird das lebensnahe Bild vom Menschen als vielsichtiges, lernendes, empathisches, kommunikatives, kooperatives und spirituell intelligentes Wesen gezeichnet. Das Prinzip der Goldenen Regel, die globale Kooperationsethik und die Gastgeberkultur (anstelle der unsäglichen deutschen Leitkultur) werden thematisiert. Abgerundet wird „Das Ende des Wahnsinns" durch Antworten auf die Fragen, was der Mensch in den Zeiten der künftigen Vielsichtigkeit tatsächlich braucht, wie er Erziehung im Sinne Globaler Intelligenz konkret gestalten und wie der gemeinsame Weg der Veränderungen zeitnah begonnen werden kann.

Zeitfracht Medien GmbH
Ferdinand-Jühlke-Straße 7
99095 Erfurt, Deutschland
produktsicherheit@kolibri360.de